BEI GRIN MACHT SICH IHR WISSEN BEZAHLT

Anonym

Finanzwirtschaft I: Vorlesungsmitschrift zur Prüfungsvorbereitung

GRIN Verlag

Bibliografische Information der Deutschen Nationalbibliothek:

Die Deutsche Bibliothek verzeichnet diese Publikation in der Deutschen National-
bibliografie; detaillierte bibliografische Daten sind im Internet über http://dnb.d-
nb.de/ abrufbar.

Impressum:

Copyright © 2006 GRIN Verlag GmbH
Druck und Bindung: Books on Demand GmbH, Norderstedt Germany
ISBN: 978-3-656-75627-9

Dieses Buch bei GRIN:

http://www.grin.com/de/e-book/281239/finanzwirtschaft-i-vorlesungsmitschrift-
zur-pruefungsvorbereitung

GRIN - Your knowledge has value

Der GRIN Verlag publiziert seit 1998 wissenschaftliche Arbeiten von Studenten, Hochschullehrern und anderen Akademikern als eBook und gedrucktes Buch. Die Verlagswebsite www.grin.com ist die ideale Plattform zur Veröffentlichung von Hausarbeiten, Abschlussarbeiten, wissenschaftlichen Aufsätzen, Dissertationen und Fachbüchern.

Finanzwirtschaft I

1. Finanzmärkte und intermediäre Märkte

1.1 Finanzmärkte

Finanzmarkt ist der Oberbegriff für alle Märkte, auf denen Geld, Kredite und Wertpapiere gehandelt werden.

Seine Aufgaben sind:
- Transformation von Spar- in Anlagekapital
- Transformation der Beträge
- Transformation der Fristen
- Transformation der Risiken

1.1.1 Nationale Finanzmärkte

Finanzmarkt
- Geldmarkt
  - Bankengeldmarkt
    - Markt für Geldmarkpapiere
    - Markt für Zentralbankguthaben
  - Unternehmensgeldmarkt
    - Industrieclearing
    - Konzernclearing
- Kapitalmarkt (Markt für Wertpapier- oder Effektenhandel)
  - börslich
  - ausserbörslich
    - Termingeschäfte / Over the Counter Geschäfte)
    - Kassageschäfte / Telefonverkehr)
- Kreditmarkt

Traditionell wird der Finanzmarkt je nach der Fristigkeit des Finanzgeschäftes in Geldmarkt und Kapitalmarkt unterschieden. Der Geldmarkt umfasst die kurzfristige Geldanlage und - Aufnahme.

Markt für Geldmarkpapiere:
Auf ihm werden Wertpapiere öffentlicher Schuldner und Wertpapiere privater Schuldner gehandelt.

Markt für Zentralbankguthaben:
Hier handeln Banken untereinander Tagesgeld, tägliches Geld und Termingeld

Industrieclearing:
Man versteht darunter den Handel von Tages- und Termingeld zwischen Großunternehmen erstklassiger Bonität, um Banken als Zwischenhändler auszuschalten und damit die Kosten zu senken.

Konzernclearing:
Es findet ein Ausgleich von Liquiditätsdefiziten und –Überschüssen zwischen den Konzerntöchtern und der Konzernmutter statt.

Unter dem Kapitalmarkt versteht man den Markt für längerfristige Kapitalanlage und – Aufnahme, speziell den Markt für verbriefte Finanztitel.

Auf den Finanzmärkten können Finanzierungsinstrumente als Kassa- oder Termingeschäfte gehandelt werden. Kennzeichnend für den Kassamarkt ist, dass alle Geschäfte unmittelbar nach Abschluss erfüllt werden müssen. Börsentermingeschäfte sind dadurch charakterisiert, dass der Abschluss eines Geschäfts und seine Erfüllung zeitlich auseinander fallen, es sich also um Zeitgeschäfte handelt.

Teilmärkte des börslichen Kassamarktes:
- Amtlicher Handel:
  o Handel von Wertpapieren, die amtlich notiert werden
- Geregelter Markt:
  o Handel von Wertpapieren, deren nichtamtliche Preise jedoch gesetzlichen Regelungen unterworfen sind
- Freiverkehr
  o Handel von Wertpapieren, die nicht zum amtlichen Handel zugelassen sind und auch nicht die Zulassungsvoraussetzungen für den geregelten Markt erfüllen

Bei den Terminbörsen handelt es sich im Gegensatz zu den OTC-Märkten um staatlich genehmigte, öffentlich-rechtliche Organisationen, die in vollem Umfang der Börsenaufsicht unterliegen. Zu den Aufgaben der Börsenaufsicht zählen:
- Überwachung der Preisfindung und der Handelsvolumina
- Aufrechterhaltung der Ordnung im Börsensaal
- Überwachung der Einhaltung von Handelsnuancen
- Beobachtung der Eigengeschäfte der Kursmakler
- Vergleich der Preise mit denjenigen anderer Börsenplätze und Handelssysteme
- Besitzt Eilkompetenz bei der Verfolgung von Insidergeschäften

Die OTC-Märkte haben sich zu mehr oder weniger gut ausgebauten Sekundärmärkten entwickelt. Dabei erfolgt die Zusammenführung von Käufer und Verkäufer durch Makler, i.d.R. durch Banken, die gegen Provision auch die Abwicklung der Geschäfte vornehmen. Der OTC-Handel, der auf bilateralen Vertragsabschlüssen basiert, ist rein privatwirtschaftlich strukturiert und hat damit keinen börslichen Charakter. Der Handel wird zwar wie in Börsen durch Computer- und Informationssysteme unterstützt, allerdings weisen diese Märkte aufgrund des fehlenden Kontrahierungszwangs zu den eingegebenen Preisen für Angebot und Nachfrage und der per Telefon stattfindenden Geschäftsabschlüsse nicht das Erscheinungsbild einer Börse auf.

Beim Telefonverkehr:
- Handel direkt zwischen Marktteilnehmern
- Keine Zulassungs- oder Publizitätsvorschriften
- Oft wenig bekannte, riskante Papiere mit hohen Gewinnchancen
- Oft geringe Umsätze
- Enthält aber auch Markt für Investmentzertifikate

1.1.2 Börslicher Wertpapierhandel

Definition Börse:
- Hochorganisierter
- Nach festen Regeln, zu bestimmten Zeiten, an einem bestimmten Ort stattfindender Markt
- Für fungible (gut handelbare) Gegenstände

Hauptfunktionen:
- Marktfunktion:
  Zusammenführung von Angebot und Nachfrage (möglichst schnell und zu möglichst niedrigen Transaktionskosten)
- Bewertungs- und Informationsfunktion: Feststellung der aktuellen Marktpreise (führt zu Markttransparenz)
- Sicherungsfunktion: Absicherung der Anleger durch Regularien und Aufsicht

Nachteile:
- Nicht alle Wertpapiere sind börsenfähig, z.B. weil
  o Die Auflagen gar nicht von allen Unternehmen erfüllt werden können
  o Der zu erwartende tägliche Umsatz gering ist
- Kleinen Unternehmen ist der Weg zur Börse versperrt, weil
  o Nicht verbriefbare Kapitalformen
  o Zu kleine Volumina

Rechtliche Grundlagen:
Unter anderem Börsengesetze, Börsenzulassungsverordnung, Verkaufsprospekt-Gesetz, Wertpapierhandelsgesetz sowie Börsenordnung

Die Börsenbetreiber sind privatrechtliche Unternehmen unter behördlicher Aufsicht des jeweiligen Bundeslandes; die wichtigste und größte in Deutschland ist die Deutsche Börse AG, welche als Kassabörse die Frankfurter Wertpapierbörse (FWB) sowie die Terminbörse EUREX(-D) betreibt.

1.1.2.1 Kassabörsen

Gehandelte Papiere:
- Festverzinsliche Wertpapiere → Rentenmarkt (Anleihenmarkt)
- Dividendenpapiere → Aktienmarkt
- Weitere (z.B. Bezugsrechte, Genussscheine, Wandel- und Optionsanleihen)

Handelsformen:
- Elektronische Handelssysteme (an FWB: Xetra) versus Parketthandel; seit 2002 ist Xetra an FWB Regelabwicklung
- Kursermittlung aus vorliegende Aufträgen versus Market Maker-Prinzip; Market Maker stellt jederzeit verbindliche An- und Verkaufskurse (Quotes); an FWB heissen Market Maker Designated Sponsors
- Unterscheidung bei Kursermittlung aus vorliegenden Aufträgen: fortlaufende Notierung versus Auktion, Ergebnis der Auktion: Einheitskurs
- An FWB: hybrides System d.h. Mischung Auktion und Market Maker

Fortlaufender Handel:
Sobald zueinander „passende" Aufträge vorliegen, wird ein Kurs festgestellt und die Aufträge werden ausgeführt.

Prinzip der Kursfeststellung bei Auktionen:
Kurs, zu dem die meisten Kauf- und Verkaufsaufträge ausgeführt werden können (Meistausführungsprinzip)

Zahlenbeispiel: Im Skontrobuch des Maklers stehen folgende Aufträge:

	„Bis"		„Ab"
Kaufaufträge		Verkaufsaufträge	
Stück	Limit	Stück	Limit
10	124	20	Bestens
50	125	40	124
40	126	30	125
30	Billigst	10	127

Bestimmung der möglichen Umsätze:

Kurs	Mögl. Käufe	Mögl. Verkäufe	Mögl. Umsatz
≤ 123	130	20	20
124	130	60	60
125	120	90	90
126	70	90	70
≥ 127	30	100	30

Einheitskurs liegt bei 125 mit Umsatz 90; dabei:
- o Alle unlimitierten Aufträge wurden ausgeführt (30 Kauf, 20 Verkauf)
- o Alle über dem Einheitskurs limitierten Kaufaufträge wurden ausgeführt (40)
- o Alle unter dem Einheitskurs limitierten Verkaufsaufträge würden ausgeführt (40)
- o Alle zum Einheitskurs limitierten Verkaufsaufträge wurden ausgeführt (30)
- o Die zum Einheitskurs limitierten Kaufaufträge konnten nicht vollständig ausgeführt werden

Zur Information, wie der Einheitskurs zustande gekommen ist, werden Kurszusätze veröffentlicht; die wichtigsten sind: „Geld" = Nachfrage, „Brief" = Angebot

Kürzel	Bezeichnung	Erläuterung
b	Bezahlt	Alle Aufträge ausgeführt
bG	bezahlt Geld	Bestehen weiter Kaufaufträge zum festgestellten Kurs
bB	bezahlt Brief	Bestehen weiter Verkaufsaufträge zum festgestellten Kurs
ebG	etwas bezahlt Geld	Limitierte Kaufaufträge konnten nur zu einem geringen Teil ausgeführt werden
ebB	etwas bezahlt Brief	Limitierte Verkaufsaufträge konnten nur zu einem geringen Teil ausgeführt werden
ex Div	ex Dividende	Die Aktie wird ab sofort ohne Dividendenanspruch für das abgelaufene Jahr gehandelt

Mögliche Orderzusätze:
- Market Order (unlimitiert) versus Limit Order

4

- Zeitliche Gültigkeitsbeschränkungen: Good-for-day, Good-till-date, Good-till-cancelled
- Ausführungsbestimmungen: Fill-or-Kill (vollständig oder gar nicht), Immediate-or-cancel (sofort oder gar nicht)
- Stop-Market Order: Auftrag wird erst dann wirksam, wenn Kurs Schwelle erreicht; dann unlimitiert; mit zusätzlichem Limit: Stop-Limit Order

Orderbuch:
- Enthält alle aktuell vorliegenden Kauf- und Verkaufsaufträge mit Limits
- In Xetra steht es Institutionellen offen, Privatanleger können über Online-Broker die jeweils 10 besten Kauf- und Verkaufsaufträge einsehen „Xetra Live"
- Unvollständige Einsicht erschwert Einblick in Marktlage, insbesondere bei Iceberg Orders (Zerlegung eines Großauftrags in viele kleine)

Marktsegmente für Aktien an der FWB (gesetzlich):

- Amtlicher Markt und Geregelter Markt:
  o Organisierter Markt im Sinne WpHG
  o Öffentlich-rechtliche Zulassung der gehandelten Unternehmen
  o Sowohl XETRA- als auch Parketthandel
- Freiverkehr:
  o Nur wenige formale Einbeziehungskriterien
  o Enthält Segment Newex für mittel- und osteuropäische Aktien
  o Kursfeststellung durch freie Makler

- Kriterien für Erstzulassung:

Amtlicher Markt	Geregelter Markt
• Bestehen seit mindestens 3 Jahren (Muss-Bestimmung)	• Bestehen seit mindestens 3 Jahren (Soll-Bestimmung)
• Vorausgesetzter Kurswert ≥ 1,25 M EUR	
• Mindestens 10.000 Aktien	• Mindestens 10.000 Aktien
• Streubesitz mindestens 25%	
• Börsenzulassungsprospekt	• Unternehmensbereich

- Folgepflichten:

• Veröffentlichung des Jahresabschlusses	• Veröffentlichung des Jahresabschlusses
• Halbjährlicher Zwischenbericht	• Halbjährlicher Zwischenbericht
• Ad hoc-Puplizität	• Ad hoc-Publizität

- Kursfeststellung:

• Durch Skontroführer	• Durch freie Makler nach Regeln amtlicher Notierung
• Amtliche Notierung	• Keine amtliche Notierung
• Fortlaufende Notierung	• Meist Einheitskurse

Weitere Segmentierung durch FWB:
- General Standard: automatisch durch Notierung in Amtlichem oder Geregeltem Markt
- Prime Standard: durch Erfüllung darüber hinausgehender Transparenzanforderungen:

- o Quartalsberichte
- o Rechnungslegungsstandards IAS oder US-GAAP
- o Mindestens eine jährliche Analystenkonferenz
- Zusätzlich für Privatanleger: XETRA Stars; Quartalssegment für bedeutende internationale Aktien, betreut durch Market Experts

Central Counterparty (CCP) for Equities:
Seit März 2003 tritt an der FWB die CCP grundsätzlich in jedes Geschäft zwischen Käufer und Verkäufer ein, d.h. Erweiterung der bisherigen Prozesskette um das so genannte Clearing. Vorteile: Risikoreduktion, Anonymität, Netting (nur effektive Abwicklung des Saldos bei mehreren Geschäften ein einem Wertpapier an einem Tag). Prinzip übernommen von EUREX.

1.1.2.2 Eurex Deutschland

Durch die Fusion mit der schweizerischen SOFFEX in 1998 ist die DTB in das neue europäische Börsensystem EUREX aufgegangen. Es wurde eine vollcomputerisierte Terminbörse geschaffen, bei der der Handel über Bildschirmterminals abgewickelt wird. Damit wird allen Börsenteilnehmern die Teilnahme unabhängig von ihrem jeweiligen Standort ermöglicht. Charakteristisch für die EUREX sind:
- Einsatz von Market Maklern, die laufend verbindliche Kurse stellen und damit die Liquidität des Marktes sichern
- Hohe Sicherheitsanforderungen an die Clearingmitglieder
- Hohe Orderbuchtransparenz durch die Möglichkeit der jederzeitigen Information über Angebots- und Nachfragepreise
- Die Clearingstelle, die Kontraktpartner eines jeden Termingeschäftes wird
  - o Direkt-Clearing-Mitglied: nur Abwicklung eigener Geschäfte und Geschäfte seiner Kunden; wegen Haftung für Kontrakterfüllung:
    - Eigenkapital: mindestens 12,5 Mio. €
    - Drittbankgarantie: mindestens 1 Mio. €
  - o General-Clearing-Mitglied: zusätzlich Abwicklung von Geschäften für Börsenteilnehmer ohne Clearing-Lizenz;
    - Eigenkapital: mindestens 125 Mio. €
    - Drittbankgarantie: mindestens 5 Mio. €
- Umfangreiche Kontroll- und Aufsichtsmöglichkeiten
- Eine sorgfältig strukturierte Börsenordnung

An der EUREX werden Financial Futures gehandelt. Zu unterscheiden sind:
- Currency Futures
- Interest Rate Futures
- Index Futures

Currency Futures liegt ein standardisierter Betrag einer bestimmten Währung zugrunde. Sie können zur Absicherung von Währungsrisiken benutzt werden.

Der Gegenstand eines Interest Rate Future (Zins-Future) ist zumeist ein Zinstitel, der bezüglich Laufzeit, Verzinsung und Nominalbetrag standardisiert ist.

Kontraktgegenstand der Index-Futures ist in der Regel ein Aktienindex, als ein abstrakter, nicht lieferbarer Basiswert (DAX-Future, TecDAX-Future). Aktienindex-Futures eignen sich zur Absicherung eines Aktienportefeuilles gegen das systematische Risiko.

Zusätzlich werden an der EUREX Optionen gehandelt. Die Ausübung des Geschäftes hängt von der Entscheidung einer Kontraktpartei ab (bedingtes Termingeschäft). Es gibt Aktienoptionen (auf DAX-Werte), eine DAX-Option, eine Option auf den TecDAX und Optionen auf EUREX-Futures.

Die Abrechnung und Abwicklung der an der Börse abgeschlossenen Kontrakte wird über eine Clearingstelle vorgenommen. Durch den direkten Eintritt der Clearingstelle als Vertragspartner eines jeden Börsenabschlusses sollen die individuellen Bonitätsrisiken ausgeschaltet und damit dem Markt genügend Sicherheit, Standardisierung und Liquidität gegeben werden.

Käufer und Verkäufer von Futures sind verpflichtet, bei Abschluss des jeweiligen Kontraktes Sicherheiten in Form von Wertpapieren oder Geld zu leisten. Bei Vertragsabschluss ist ein Ersteinschuss (Initial Margin) fällig, der von der Volatilität der zugrunde liegenden Ware bzw. des Wertpapiers und der Bonität des Marktteilnehmers abhängt und in der Regel als kleiner Prozentsatz der Kontraktsumme vereinbart wird. Die zu erbringenden Sicherheitsleistungen (Margins) werden täglich aufgrund der Ermittlung von Gewinnen und Verlusten aus den Kontraktpreisänderungen angepasst. Anfallende Gewinne werden dem Sicherheitskonto gutgeschrieben, eingetretene Verluste werden abgebucht. Wird der festgelegte Mindesteinschuss (Maintenance Margin) unterschritten, so muss bis zu einer bestimmten Uhrzeit des nachfolgenden Börsentages auf das Sicherheitskonto ein Nachschuss eingezahlt werden, und zwar über die Mindestgrenze hinaus bis zur Initial Margin. Diese Nachschusspflicht kann bei starken Kursschwankungen zu erheblichen Liquiditätsproblemen bei den Marktteilnehmern führen.

Weitere wichtige (Finanz-) Terminbörsen:
- CBOE (Chicago Board Options Exchange)
- CBOT (Chicago Board of Trade)
- CME (Chicago Mercantile Exchange)

1.1.3 Internationale Finanzmärkte

Während an nationalen Finanzmärkten ausschließlich zwischen Inländern in ihrer Heimatwährung gehandelt wird, sind internationale Finanzmärkte (off-shore-märkte) dadurch gekennzeichnet, dass entweder die Marktteilnehmer aus unterschiedlichen Ländern stammen oder in ausländischen Währungen gehandelt wird. In der Regel wird der Begriff des internationalen Finanzmarktes synonym mit dem Begriff des Euromarktes verwandt, weil die Aufnahme, die Einlage und der intensive Handel in Fremdwährungen schon früh, vor allem in europäischen Ländern praktiziert wurde.

Auch die Bezeichnung der internationale Finanzmärkte als Eurodollarmarkt ist auf ihre Entstehung zurückzuführen und eher irreführend. Längst ist der Handel an den internationalen Märkten nicht mehr auf US-Dollar beschränkt. Unter „Eurodollar" versteht man US-Dollareinlagen, die außerhalb der USA gehandelt werden.

Internationale Finanzmärkte kann man einteilen in Devisenmärkte, Euromärkte und internationale Terminmärkte.

Off-shore-Plätze sind z.B. London und Luxemburg, New York, Tokio, Hongkong, Singapur, Bahamas, Cayman-Inseln, Panama.

Gründe für das Ausweichen von Unternehmen bei der Kapitalbeschaffung auf den Euromarkt sind insbesondere günstigere Zinskonditionen, begrenztes Kreditvolumen des nationalen Geld- und Kapitalmarktes, nationale Kreditrestriktionen, Mindestreservevorschriften und steuerliche Aspekte.

<u>1.1.4 Aktienindizes</u>

- Aktienindex = durch Durchschnittsbildung gewonnene Kenngröße für die Entwicklung eines bestimmten Teilmarktes für Aktien
- Grundkonstruktion:
  (1) Festlegung eines Aktienportfolios
  (2) Festlegung eines Basiszeitpunktes
  (3) Berechnung des (gewichteten) Durchschnitts der Aktienkurse zum Basiszeitpunkt
  (4) Berechnung des (gewichteten) Durchschnitts der Aktienkurse zum Berichtszeitpunkt
  (5) Indexwert zum Berichtszeitpunkt = Quotient aus (4) : (3)

- Weitere Konstruktionsmerkmale
  o Gewichtung
  o Kursindex versus Performanceindex
  o Zudem müssen gelegentlich die im Portfolio enthaltenen Titel verändert werden, was Verkettungsrechnungen zu Vermeidung von Sprüngen notwendig macht
- Der prominenteste deutsche Index: Deutscher Aktienindex (DAX)
  o Umfasst die 30 „größten" börsengehandelten AGs
  o Gewichtung nach Freefloat, dabei Kappung auf maximal 15%
  o Ist ein Performanceindex: unterstellt wird, dass die Bardividende zunächst in Aktien der ausschüttenden Unternehmung re-investiert wird; einmal im Jahr (Verkettungstermin) werden diese Beträge entsprechend der Gewichtung auf das gesamte Portfolio verteilt
  o Fortlaufende Berechnung, basierend auf dem jeweils letzten festgestellten Xetra-Kurs

Formel zur DAX-Berechnung im Zeitpunkt t:

$$DAX_t = K_{T_1} \cdot \frac{\sum_{i=1}^{30} p_{i,t} \cdot q_{i,T_1} \cdot c_{i,t}}{\sum_{i=1}^{30} p_{i,t_0} \cdot q_{i,t_0}}$$

Verkettung:
Dividendenzahlungen und Kapitalveränderungen finden entsprechend der Konzeption der Indizes der Deutschen Börse ihren Niederschlag zunächst in der Anpassung der Korrekturfaktoren. Am Fälligkeitstag der Aktienindexfutures der Eurex wird die vierteljährliche Verkettung durchgeführt. Dies bedeutet, dass an diesem Tag der Index letztmalig mit den bis dahin gültigen Gewichten berechnet wird. Grundlage der Verkettung bilden die Xetra-Schlusskurse an diesem Tag. Ab dem darauf folgenden Handelstag gelten die neuen Gewichte. Um einen Indexsprung zu vermeiden, wird ein Verkettungsfaktor berechnet.

Bereinigungsfaktor:
Die Performance-Indizes der Deutschen Börse werden mittels Korrekturfaktoren um exogene Einflüsse wie kursrelevante Kapitalveränderungen bereinigt.

- Indices an der FWB:

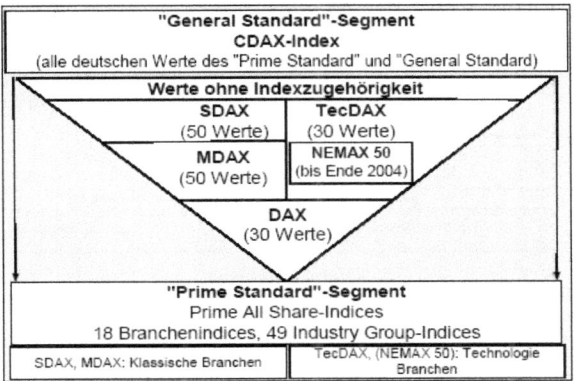

- DAX: 30 größte Werte aus Prima Standard
- TecDAX: auf DAX nachfolgende 30 größte Werte aus Prime Standard, Technologie-Branchen
- MDAX: auf DAX nachfolgende 50 größte Werte aus Prime Standard, klassische Sektoren
- SDAX: auf MDAX folgende 50 Werte aus Prime Standard, klassische Sektoren

- Die beiden bekanntesten US-amerikanischen Indices:
    o Dow Jones Industrial Average
    o Standard & Poor's 500

- Länderübergreifende Indices
    o Dow-Jones Stoxx-Familie
        ▪ DJ STOXX: über 600 Gesellschaften aus 16 europäischen Ländern
        ▪ DJ STOXX 50: 50 europäische Blue Chips
    o MSCI-Indices

1.2 Finanzintermediäre

1.2.1 Allgemeines

Finanzintermediär im engeren Sinn:
- Nimmt Zahlungsmittel gegen die Verpflichtung zu späterer Rückzahlung entgegen und
- stellt Zahlungsmittel gegen den Erwerb zukünftiger Rückzahlungsansprüche zur Verfügung.
- wobei das unmittelbare Vertragsverhältnis zwischen originärem Geldgeber und –nehmer durch zwei eigenständige Vertragsverhältnisse (jeweils mit dem Finanzintermediär) aufgelöst wird

Grundsystematik:

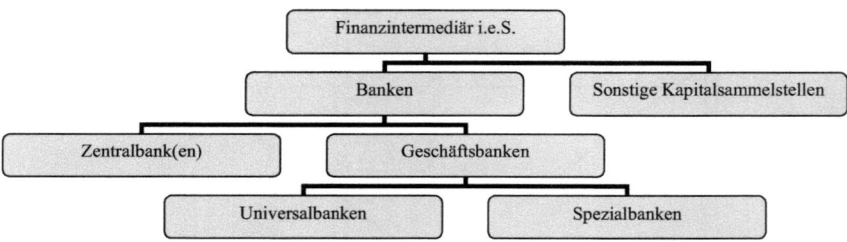

Finanzintermediär im weiteren Sinn:
Institutionen, die den Abschluss von Finanzkontrakten
- ermöglichen bzw.
- vereinfachen bzw.
- verbilligt.
Dabei kommen insbesondere die Dienstleistungen
- Vermittlung,
- Information,
- Risikoübernahme
in Betracht.

Rechtliche Regelung für (die meisten) Kreditinstitute ist das Kreditwesengesetz (KWG).

1.2.2 Universalbanken

- Ausführung „aller" banktypischen Geschäfte, d.h. insbesondere
  o Einlagen- und Kreditgeschäft in allen Formen
  o Wertpapieremissionsgeschäft
  o Wertpapierkommissionsgeschäft (d.h. Wertpapierhandel im Kundenauftrag)
  o Wertpapiereigengeschäft
  o Wertpapierdepotgeschäft (d.h. Wertpapierverwahrung und –verwaltung für Kunden)

- In Deutschland existieren Universal- neben Spezialbanken:
  o Deposit Banks: Einlagen- und Kreditgeschäft
  o Investment Banks: Wertpapiergeschäft

- Untergruppen:

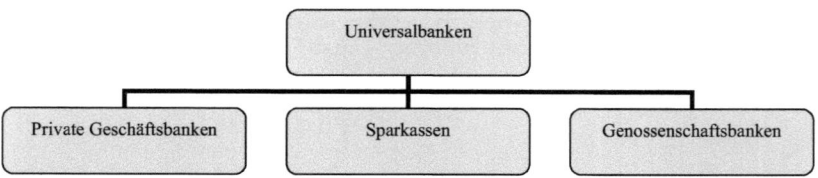

- Private Geschäftsbanken:
  - o Großbanken: praktisch alle banktypischen Geschäfte
  - o Regionalbanken: Niederlassung in begrenztem geographischen Raum
  - o Privatbanken: Rechtsform des Einzelkaufmanns oder der Personengesellschaft
  - o Zweigstellen ausländischer Banken
  - o Gemeinsame Interessenvertretung: Bundesverband deutscher Banken mit Einlagensicherungsfond

- Sparkassen: öffentlich-rechtliche Universalbanken
  - o Geregelt durch (Länder-) Sparkassengesetze
  - o Derzeit noch: tragende Körperschaft (Kreise, Gemeinden) haftet unbeschränkt (Gewährträgerhaftung); EK: nur Rücklagen
  - o Regionalprinzip
  - o Gemeinnützigkeit (kein Gewinnmaximierungsstreben)
  - o Übergeordnet 12 Girozentralen (Landesbanken) auf Landesebene, darüber Deutsche Girozentrale

- Genossenschaftsbanken
  - o Rechtsform Genossenschaft mit begrenzter Nachschusspflicht
  - o Regionalprinzip
  - o Volksbanken, Raiffeisenbanken
  - o Spitzeninstitut: DZ Bank
  - o Garantiefonds zur Hilfe in Notfällen

1.2.3 Einige Spezialbanken

- Teilzahlungsbanken:
  - o Vergabe kurz- und mittelfristiger Kredite an
    - ▪ Private Haushalte
    - ▪ Gewerbliche Kreditnehmer als
      - • Direkte Kundenfinanzierung (Barkredite)
      - • Indirekte Kundenfinanzierung (z.B. Autobanken)
  - o Refinanzierung am (Interbanken-) Geldmarkt (durch Einlagen nur, wenn Vollkonzession vorliegt)

- Direktbanken:
  Kostenersparnis durch direkten Verkauf einer begrenzten Anzahl von Standardprodukten per Telefon, PC, Fax, Brief (Internet) ohne Filialnetz und ohne Beratungsleistung.

- Bausparkassen:
  - o Ansammlung von (relativ niedrig verzinslichen) Sparbeiträgen, anschließende Vergabe von (niedrigverzinslichen) Darlehen
  - o Nur für Wohnungsbau bzw. –kauf
  - o Besicherung: Grundpfandrechte (auch zweitrangig)
  - o Refinanzierung: neben den Spareinlagen auch Aufnahme von Darlehen und Ausgabe von Schuldverschreibungen (bis 4 Jahre Laufzeit) erlaubt
  - o Rechtsform: privat (AG) oder öffentlich-rechtlich

- KfW (ehemals Kreditanstalt für Wiederaufbau):
  Staatliche Bankengruppe zur Erfüllung von Aufgaben, die von anderen Kreditinstituten nur unzulänglich erfüllt werden (können); besteht aus:

- o KfW Mittelstandsbank: Finanzierung und Beratung von Gründern und mittelständischen Unternehmen
- o KfW Förderbank: Privates Bauen und Modernisieren, kommunale Infrastruktur
- o KfW Ipex-Bank: Export- und Projektfinanzierung
- o KfW Entwicklungsbank: Instrument staatlicher Entwicklungshilfe
- o DEG: Förderung privatwirtschaftlicher Investitionen in Entwicklungsländern

- Wertpapiersammelbank:
  - o Verwahrung und Verwaltung der Wertpapiere für die übrigen Banken (und ihre Kunden)
  - o Früher: 7 solche Kassenvereine

1.2.4 Kapitalanlagegesellschaften

Investmentgesellschaften nehmen Anlagegelder von privaten und institutionellen Investoren gegen die Ausgabe von Anteilsscheinen, den Investmentzertifikaten, auf und investiert diese Mittel nach dem Grundsatz der Risikostreuung an den Kapitalmärkten.

Grundsätzlich ermöglichen Investmentfonds den Investoren eine Diversifikation des Vermögens auch mit nur geringen Anlagebeiträgen. Daneben wird als Vorteil von Investmentfonds die professionelle Verwaltung des Sondervermögens mit entsprechendem Know-How genannt, was mit einer gegenüber einer Direktanlage überdurchschnittlichen Wertentwicklung einhergehen sollte und für den Investor die Einsparung von Transaktionskosten in Form seiner Zeitersparnis bezüglich der Informationssuche bedeutet.

Die die verschiedenen Fonds auflegenden Kapitalanlagegesellschaften unterliegen in Deutschland dem Gesetz über Kapitalanlagegesellschaften (KAGG), welches zahlreiche gesetzliche Regelungen zum Schutz der Sparer beinhaltet.

In der rechtlichen Konstruktion sind die deutschen Investmentfonds auf den Vertragstyp festgelegt. Der Unterschied des Gesellschaftstyps gegenüber dem Vertragstyps besteht darin, dass das Betriebskapital der Gesellschaft vom Fondvermögen nicht getrennt ist, sondern mit diesem eine Einheit bildet.

Systematisierung der wichtigsten Fondarten:

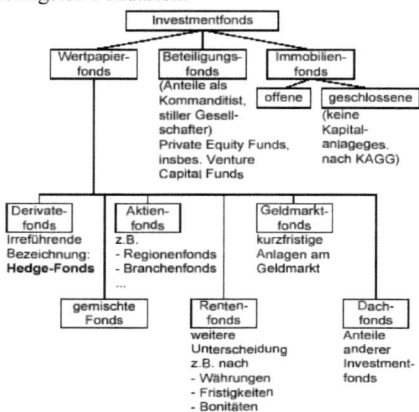

Einige Unterscheidungen:

- Fixed Funds: gewählte Vermögenslage bleibt unverändert
- Managed Funds: fortlaufende Umschichtung des Fondvermögens
- Eigenmittelfonds: Finanzierung nur aus Investmentzertifikaten
- Verschuldungsfonds (Leverage Fonds): zusätzliche Kreditaufnahme
- Wachstumsfonds (thesaurierende Fonds): keinerlei Ausschüttungen, führt zu Substanzmehrung des Sondervermögens
- Ausschüttungsfonds: alle Erträge werden ausgeschüttet
- Publikumsfonds: wird öffentlich angeboten und ist für Privatanleger offen
- Spezialfonds: für Privatanleger gesetzlich verboten; keine externe Berichtspflicht
- AS-Fonds (Altersvorsorge Sondervermögen):
  o Kombination Aktien, Immobilien, festverzinsliche Papiere
  o Hohe Flexibilität (variable Sparsummen, Kündbarkeit, Auszahlungsmodus)

Preisbildung: nicht durch Angebot und Nachfrage, sondern durch Fondsgesellschaft gemäß:

$$\text{Anteilswert} = \frac{\text{Fondvermögen - Fondverbindlichkeiten}}{\text{Anzahl umlaufender Anteile}}$$

Kapitalanlagen in Investmentfonds sind grundsätzlich als längerfristiges Investment zu betrachten. Dazu tragen auch die Kosten bei, die zum einen in dem beim Kauf zu entrichtenden Ausgabeaufschlag bestehen, der vornehmlich zur Abdeckung der Distributionskosten dient und bei Aktienfonds in der Regel ca. 5% der Anlagesumme beträgt, bei Rentenfonds etwa 3% und bei Geldmarktfonds bei circa 1% liegt.

Index-Fonds:
- Investmentfonds, der Index-Zusammensetzung nachbildet
- Dividenden werden in der Regel reinvestiert
- Tracking Error zu Lasten des Anlegers
- An- und Verkauf über Fondgesellschaft
- Unbegrenzte Laufzeit
- Kosten: Ausgabeaufschlag, jährliche Managementgebühren

Index-Aktien:
- Zweimal jährlich Ausschüttungen (gemäß Indexportfolio)
- Handel an Börsen (z.B. XTF-Markt in Frankfurt)
- Unbegrenzte Laufzeit
- Kosten: (wie Aktien) An- und Verkaufsspesen, Depotgebühren
- Vorteile gegenüber „normalen" Indexfonds:
  o Jederzeit handelbar
  o Niedrigere Kosten

1.2.5 Sonstige Kapitalsammelstellen

- Leasinggesellschaften
- Factoringgesellschaften
- Versicherungen

1.2.6 Finanzintermediäre i.w.S.

Gebiete, auf die sich (neben Finanzintermediären i.e.S.) insbesondere Finanzintermediäre i.w.S. spezialisiert haben:

- Vermittlung von Finanzkontrakten:
  - Herbeiführung von unmittelbaren Verträgen
    - Finanzmakler und Kreditvermittler
    - Versicherungsmakler und -vertreter
  - Übertragung existierender Ansprüche bzw. Verpflichtungen

- Erbringung von Informationsdienstleistungen: generell Funktion aller Finanzintermediäre; spezialisiert sind
  - Rating-Agenturen
  - Börsendienste
  - Schutzgemeinschaft für allgemeine Kreditsicherung
  - Anlageberatungsgesellschaften

- Abwicklung von Finanzgeschäften
  - Vermögensverwaltungsgemeinschaften
  - Kreditkartengesellschaften
  - Zahlungsverkehrsinstitute

1.3 Bundesanstalt für Finanzdienstleistungen

Aufgabe:
Sicherstellung von Stabilität und Funktionsfähigkeit des deutschen Finanzsystems durch:
- Solvenzaufsicht (Überwachung der Zahlungsfähigkeit)
- Marktaufsicht (Einhaltung von Gesetzen/ Regularien)

Bereiche:
- Bankenaufsicht
- Wertpapieraufsicht
- Versicherungsaufsicht

Seit 01.05.2002 wegen Zusammenwachsen der Angebote von Kreditinstituten, Versicherungen und Wertpapierhändlern

Bildet gemeinsam mit der Bundesbank das „Forum für Finanzmarktaufsicht".

2. Zur Theoriebildung in der Finanzwirtschaft

2.1 Warum Theorie?

- Theorie befasst sich mit Modellen
- Modelle müssen Komplexität reduzieren, um mit der Komplexität in der Realität umgehen zu können
- Modelle müssen in sich konsistent sein
- Da die Annahmen vereinfachend sind, gilt dies auch für die Lösungen
- Modelle zeigen häufig nur bestimmte Perspektiven des Untersuchungsgegenstandes

Widerspruch zur gängigen Vorstellung, dass
- Wissenschaft objektiv gesichertes Wissen erarbeitet,
- Modelle Kochrezepte liefern, welche die Problemlösung liefern

2.2 Traditionelle Investitions- und Finanzierungslehre

Investition und Finanzierung als Hilfsfunktion zur Ermöglichung des güterwirtschaftlichen Prozesses.

Aufgaben des Finanzbereichs:
- Kapitalbedarfsdeckung
- Wahrung des finanziellen Gleichgewichts

2.3 Moderne Investitions- und Finanzierungstheorie

Die moderne Investitions- und Finanzierungstheorie ist entscheidungsorientiert. Sie will Entscheidungshilfen geben, unter welchen Bedingungen sich das Investieren und Finanzieren lohnt.

Zielträger ist nicht mehr das organisatorische Gebilde Unternehmen. Vielmehr ist das Unternehmen, in das investiert wird oder das finanziert werden soll, nur noch Mittel zum Zweck. Als Zielträger werden Personen oder Wirtschaftssubjekte (Kapitalgeber, Unternehmensleitung, Arbeitnehmer, Kunden, Lieferanten, Staat) betrachtet, die das Unternehmen als Instrument benutzen.

Das Ziel kann man allgemein als das Streben nach dem maximalen eigenen Nutzen formulieren.

2.3.1 Neoklassische Investitions- und Finanzierungstheorie

Es gibt Probleme uns insbesondere Interessen- und Zielkonflikte, wenn mehrere Wirtschaftssubjekte gemeinsam von einer Investitions- oder Finanzierungsentscheidung betroffen sind, wenn sie gemeinsam entscheiden sollen oder müssen.

Der Zweig der modernen Investitions- und Finanzierungstheorie, der die kapitalmarktorientierte Sicht repräsentiert, sucht genau solch eine Lösung, die immer Einstimmigkeit bezüglich der Vorteilhaftigkeit von Zahlungsströmen herbeiführen würde.

Diesen Markt, auf dem Zahlungsströme gehandelt werden, bezeichnet man als den Kapitalmarkt, d.h.
- Marktmechanismus als alleiniger Regelungsmechanismus für finanzwirtschaftliche Transaktion
- Ausblendung aller darüber hinausgehenden Interaktionen innerhalb und außerhalb des Unternehmens
- Explizite Betrachtung der Akteure findet entweder gar nicht oder stark eingeschränkt statt

Nehmen wir nun an, der Handel mit Zahlungsströmen würde perfekt, ohne jegliche Reibungsverluste, funktionieren. Einen solchen reibungslosen Handel unterstellt der Ökonom in der Modellwelt eines so genannten vollkommenen und vollständigen Kapitalmarktes:

Ein Kapitalmarkt wird als vollkommen bezeichnet, wenn der Preis, zu dem ein Zahlungsstrom zu einem bestimmten Zeitpunkt gehandelt wird, für jeden Marktteilnehmer, unabhängig davon, ob er als Käufer oder Verkäufer auftritt, gleich und gegeben ist. Es gibt auch niemanden, der den Preis beeinflussen kann.

Ein Kapitalmarkt wird als vollständig bezeichnet, wenn jeder beliebige Zahlungsstrom gehandelt werden kann, ganz gleich, welche Höhe, welche zeitliche Struktur und welche Unsicherheiten er aufweist.

Allerdings funktioniert die Herstellung von Einstimmigkeit durch Marktwertmaximierung nur dann, wenn der Marktmechanismus tatsächlich reibungslos funktioniert. Stellen wir uns vor, der Kapitalmarkt wäre unvollkommen. Kauf- und Verkaufspreis eines Zahlungsstroms fielen auseinander, weil bei Transaktionen am Kapitalmarkt eine Gebühr anfällt, um denjenigen zu bezahlen, der das Geschäft vermittelt (Finanzintermediäre). Diese Gebühren könnten dazu führen, dass die Wirtschaftssubjekte nicht mehr mit der Wahl einverstanden sind, weil die Transaktionskosten den Vorteil, den sie durch die Wahl des höherwertigen Stroms erzielen, mehr als aufzehren.

Einstimmigkeit würde ebenfalls dann nicht mehr uneingeschränkt herrschen, wenn der Kapitalmarkt unvollständig wäre. So ist beispielsweise in Deutschland der Verkauf von so genannten „Junk Bonds", die sehr riskante Fremdkapitalforderungen verbriefen, nicht erlaubt.

Ein vollkommener und vollständiger Kapitalmarkt ist demnach notwendig, um das Problem der Präferenzabhängigkeit bei der Entscheidung über Investitions- und Finanzierungszahlungsreihen zu lösen.

Systematisierung der neoklassischen Modelle:

Erwartungen	Kapitalmarkt	
	vollkommen	unvollkommen
sicher	– Fisher-Modell (Kap.3) – Kapitalwertmethode (Kap.3, andere Vorlesungen)	– Hirshleifer-Modell (Kap.3) – Simultanplanung (vgl. Vorlesung „Investitionsrechnung", z.B. Dean-Methode)
unsicher	– Betriebliche Kapitaltheorie (Kap.4) – Kapitalmarkttheorie (Kap.5)	– (vgl. Finanzwirtschaft II)

Die Annahme eines vollkommenen und vollständigen Kapitalmarktes hat jedoch die Konsequenz, dass die gesamte Finanzierung irrelevant wird und Finanzinstitutionen wie Banken keinerlei Existenzberechtigung haben. An diesem Punkt setzt der neuere Zweig der modernen Investitions- und Finanzierungstheorie, die so genannte neo-institutionalistische Sicht, an.

2.3.2 Neo-institutionalistische Investitions- und Finanzierungstheorie

Man nahm beobachtete Unvollkommenheiten und Unvollständigkeiten von Märkten zum Anlass zu fragen, worin diese wiederum ihren Ursprung haben. Die Antwort lautet:

a) Asymmetrische Informationsverteilung

Die Ursache von Funktionsschwächen des Marktmechanismus liegt in Informationsproblemen, mit denen Marktteilnehmer konfrontiert sind. Es wird argumentiert, dass potentielle Käufer eines Gutes häufig nicht über die Informationen verfügen, um die Qualität der ihnen angebotenen „Ware" genau beurteilen zu können. Im Vergleich zum Verkäufer, der sein Angebot besser kennt, befinden sich die Käufer im Informationsnachteil. Es liegt eine so genannte asymmetrische Informationsverteilung vor.

b) Transaktionskosten

Auch Märkte mit einer komplexeren institutionellen Ausgestaltung funktionieren nicht reibungslos, sondern das Zustandekommen von Transaktionen verursacht kosten. Solche Kosten kann man als Transaktionskosten bezeichnen.

Es resultiert also zwischen den Partnern bei finanzwirtschaftlichen Transaktionen
- Unterschiedliches Wissen über die Kontraktgegenstände (Informationsprobleme)
- Möglichkeiten zur Verfolgung eigener Interessen auf Kosten des Vertragspartners (Anreizprobleme)

Die neo-institutionalistische Sicht von Investitions- und Finanzierungsbeziehungen konzentriert sich auf die Analyse solcher Mechanismen zur Milderung von Informations- und Anreizproblemen in Finanzierungsbeziehungen.

Zweige der Theorie:

Die neo-institutionalistische Theorie
- Liefert keine geschlossenen Lösungen, sondern nur Teilantworten,
- Bietet keine unmittelbar anwendbare Patentrezepte, sondern Hinweise auf zu berücksichtigenden Gesichtspunkte,
- Strebt durch Reduktion der Informations- und Anreizprobleme wieder eine möglichst große Annäherung an den reibungslosen Kapitalmarkt der neoklassischen Theorie an,
- Greift bei der Gestaltung o.g. Mechanismen wieder auf Sachverhalte zurück, die in der traditionellen Lehre eine große Rolle spielen

3. Investition und Finanzierung unter Sicherheit

3.1 Investition, Konsumströme und Zeitpräferenzen

Annahmegemäß streben Investoren durch ihre wirtschaftlichen Entscheidungen an, einen möglichst günstigen Konsumstrom zu erreichen. Ein Konsumstrom ist ein Strom oder eine Folge von Einkommenszahlungen, die in den Zeitpunkten, in denen sie jeweils verfügbar werden, auch wirklich verbraucht werden, um Konsumgüter zu erwerben.

Irving Fisher vermutete, dass die meisten Menschen ungeduldig sind. Das heißt, sie bewerten bei gleich großen Konsummöglichkeiten in t_0 und t_1 eine Einheit zusätzlichen gegenwärtigen oder früheren Konsum höher als eine Einheit zusätzlichen späteren t_1-Konsums.

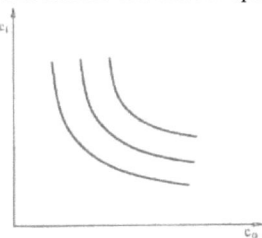

Fasst man diese Überlegungen zusammen, ergibt sich für einen Investor eine Abbildung seines Präferenz- oder Zielsystems in der Form von Indifferenzkurven. Eine Indifferenzkurve stellt die Gesamtheit der Konsummöglichkeiten dar, die gleich bewertet werden oder zwischen den Investoren indifferent ist. Es gibt für jeden Investor nicht nur eine Indifferenzkurve, sondern eine Schar solcher Kurven, die sich nicht schneiden dürfen.

Jeder Investor strebt einen Konsumstrom auf einer möglichst weit rechts oben liegenden Indifferenzkurve an, denn in dieser Richtung nimmt sein Nutzen zu, da mehr Konsum weniger Konsum vorgezogen wird.

Darstellung der Investitionsmöglichkeiten:

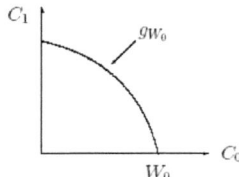

I_0 = in t_0 investierter Betrag

$$r = \frac{C_1 - I_0}{I_0} = \text{Rendite, wobei } C_1 \text{ der Rückfluss ist}$$

Budgetgleichung: $W_0 = C_0 + I_0$
Investitionsfunktion: $C_1 = f(I_0)$
Transformationsfunktion: $g_{W_0} = f(W_0 - C_0) = (1 + r) \cdot (W_0 - C_0)$

Die Transformationsfunktion beschreibt die durch die Investition erzeugbaren Konsumströme. Jeder Punkt auf der Transformationskurve repräsentiert ein Investitionsprogramm.

18

3.2 Optimale Realinvestitionsprogramme ohne Kapitalmarkt

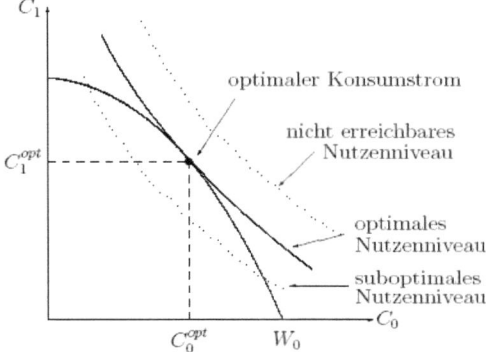

Der optimale Konsumstrom ist der Punkt auf der Transformationskurve, der von einer Isopräferenzlinie tangiert wird. Er ist präferenzabhängig.

3.3 Optimale Realinvestitionsprogramme mit Kapitalmarkt

3.3.1 Vollkommener Kapitalmarkt (Fisher-Modell)

Das Fisher-Modell erlaubt die Bewertung von Investitions- und Finanzierungsalternativen anhand der durch sie ausgelösten Einkommens- bzw. Konsumströme. Es zeigt welcher Zusammenhang zwischen den Rechenverfahren, den Annahmen über den Kapitalmarkt und den Zielen des Investors besteht.

Wie jedes andere Modell enthält auch das Fisher-Modell eine Reihe von Vereinfachungen oder Annahmen. In seiner Grundform unterstellt das Modell folgendes:

(1) Es werden nur zwei Zeitpunkte t0 und t1 – „heute" und „in einer Periode" – betrachtet; Zahlungen (und Konsum) finden nur zu diesen zwei Zeitpunkten statt. Diese Annahme ist nicht wesentlich, sie dient nur der einfacheren graphischen Darstellung.

(2) Es werden sichere Erwartungen unterstellt.

(3) Es wird ein vollkommener und vollständiger Kapitalmarkt unterstellt.

(4) Investitionsentscheidungen werden ausschließlich im Interesse von Kapitalgebern getroffen.

(5) Die Investoren sind nur an ihren Konsummöglichkeiten in den beiden Zeitpunkten t_0 und t_1 interessiert. Die Konsummöglichkeiten sind bekannt und gegeben.

Möglichkeit der Veränderung von Konsumströmen mittels des Kapitalmarktes:

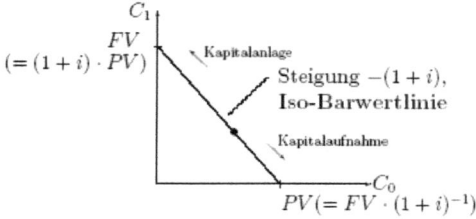

PV = Barwert   FV = Endwert

Die Gerade zeigt an, welche Einkommenskombinationen bei gegebener Anfangsausstattungen erreicht werden können bzw. wie die Einkommenskombinationen der einzelnen Punkte in andere Einkommenskombinationen umgerechnet und umgewandelt werden können.

Durch Geldanlage lassen sich Einkommen und Konsummöglichkeiten in die Zukunft verschieben oder, was dasselbe ist, t_0-Einkommen gegen t_1-Einkommen tauschen. Wenn der Zinssatz positiv ist, bringt der Tausch eine Einkommensmehrung mit sich. Legt man einen Geldbetrag von 100 in t_0 zum Zinssatz i = 0,1 an, erhält man 110 (= 100*(1+i)) in t_1, die man dann konsumieren kann.

Durch Verschuldung kann man zukünftiges Einkommen in gegenwärtiges Einkommen verwandeln oder Konsummöglichkeiten zeitlich vorziehen. Um heute 100 verbrauchen zu können, muss man im nächsten Jahr ein Einkommen von mindestens 110 haben, denn diesen Betrag braucht man, um einen in t_0 aufgenommenen Kredit über 100 einschließlich der Zinsen von 10% zurückzahlen zu können.

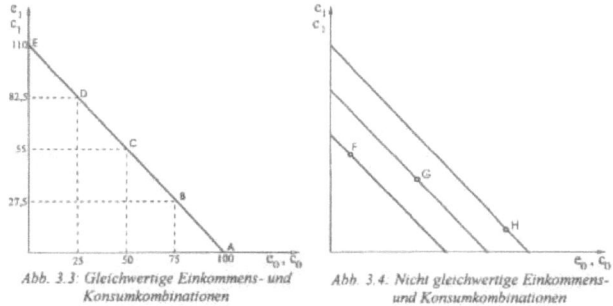

Abb. 3.3: Gleichwertige Einkommens- und Konsumkombinationen

Abb. 3.4: Nicht gleichwertige Einkommens- und Konsumkombinationen

Von der Kombination C als Ausgangspunkt gelangt man zu der Kombination D, indem man in t_0 25 anlegt, so dass man 25 behält, um dafür in t_1 25 plus Zinsen von 2,5 zu bekommen, so dass man insgesamt 82,5 hat. Das Umgekehrte gilt für die Verschuldung.

Die Punkte A bis E sind so gewählt, dass sie ineinander überführt bzw. gegeneinander ausgewechselt werden können. Die fünf Einkommenskombinationen sind, weil man sie in die gleiche Struktur bringen kann, äquivalent. Bei den drei Einkommenskombinationen F, G und H ist dies nicht der Fall.

Besonders hervorzuheben ist der Punkt A. Er stellt den Gegenwartswert oder den Barwert aller fünf Einkommenskombinationen dar. Rechnerisch ist der Gegenwartswert derjenige Betrag, der sich ergibt, wenn man alle Zahlungen eines Stroms auf den Zeitpunkt t_0 abzinst und dann addiert.

Die Geraden sind Linien gleichen Barwerts oder Iso-Barwertlinien. Für alle Punkte auf einer solchen Linie gilt, dass die durch sie repräsentierten Einkommens- bzw. Konsumkombinationen ineinander überführt werden können.

Die Iso-Barwertlinie zeigt an, welche Kombination aus c_0 und c_1 erreicht werden kann: Konsumkombinationen rechts oberhalb der Iso-Barwertlinie sind nicht erreichbar und solche links unterhalb davon würde bedeuten, dass Konsummöglichkeiten ungenutzt bleiben.

Berechnung des präferenzabhängigen Optimums auf der Barwertlinie:

$$IBWL^{opt} = FV^{opt} - (1+i) \cdot C_0 = C_0^{opt} \cdot (1+i) + C_1^{opt} - (1+i) \cdot C_0$$

Die Existenz des Kapitalmarktes verändert im Allgemeinen das Optimum.

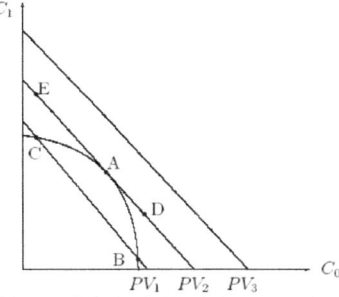

Die Optimalität der Entscheidung wird durch Variation von W_0 nicht verändert, da dies eine waagerechte Verschiebung der Transformationskurve bedeutet und der Tangentialpunkt waagerecht mitwandert. Es wird immer der gleiche Betrag investiert, überschüssiges Geld wird ggf. angelegt, fehlendes aufgenommen.

Da das Fisher-Modell die Bedingungen für die Trennbarkeit einer Investitionsentscheidung von den Entscheidungen über andere Investitionen, die Finanzierung und dem Konsumplan aufzeigt, ist es im Kern ein so genanntes Separationstheorem.

Bei vollkommenem Kapitalmarkt und unter Sicherheit gilt:
1. Beurteilung von Investitionen ist unabhängig von individuellen Präferenzen und von finanzieller Anfangsausstattung.
2. Entscheidungen sind nach der Kapitalwertmethode zu treffen.
3. Die Entscheidung, welcher Konsumstrom auf der zugehörigen Iso-Barwertline durch Kapitalaufnahme/-anlage realisiert wird, ist individuell.

Aussagen und Implikationen des Fisher-Modells:
- Harmonie zwischen mehreren Financiers und Delegierbarkeit von Investitionsentscheidungen
- Bedeutung funktionierender Kapitalmärkte: Führt für alle Akteure zu einer Steigerung des erreichten Nutzenniveaus

3.3.2 Beschränkter Kapitalmarkt (Hirshleifer-Modell)

Wir betrachten nun einen unvollkommenen Kapitalmarkt. Eine Variante des Fisher-Modells, das zuerst von Jack Hirshleifer entwickelt worden ist. Statt eines Einheitszinssatzes i gibt es zwei unterschiedliche Zinssätze, wobei der Sollzinssatz für Geldaufnahme den Habenzinssatz für Geldanlagen aufgrund von Transaktionskosten übersteigt.

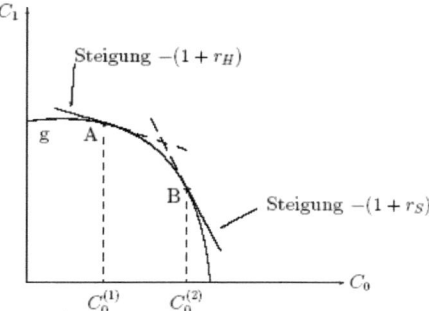

Wir betrachten erst einmal die Situation einer Person mit einer Ausgangs-Einkommenskombination. In der Abbildung sind zwei Barwertlinien eingetragen. Die steilere hat eine Steigung, die dem Sollzinssatz von 12% entspricht. Die Steigung der flacheren Linie ergibt sich aus dem Habenzinssatz von 4%.

Die betrachtete Person kann Teile ihres Einkommens in der Ausgangssituation nur zu 4% anlegen, aber sie kann sich nicht zu 4% verschulden. Die flachere Linie der Anlagemöglichkeit ist also nur nach links oben zulässig. Zulässig bedeutet, dass sie erreichbare Einkommenskombinationen anzeigt. Folglich ist die steilere Linie (Verschuldung) nur nach rechts unten zulässig.

Die Eingeführte Unterscheidung von zulässigen Einkommenskombinationen auf einem beschränkten Kapitalmarkt benutzen wir nun, um analog die Situation eines Investors zu kennzeichnen.

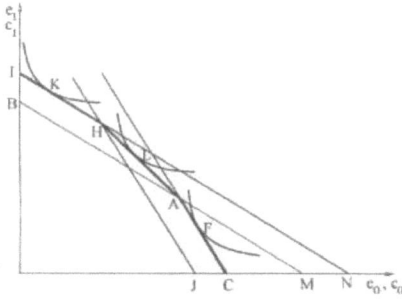

In der Abbildung sind vier Iso-Barwertlinien eingetragen. Je zwei laufen durch die Punkte A und H. Die steileren Linien haben eine Steigung, die dem Sollzinssatz entspricht, die Steigung der flachen Linien ergibt sich aus dem Habenzinssatz.

Durch die Investition kann die Einkommenskombination des Punktes A gegen die des Punktes H ausgetauscht werden.

Durch Verschuldung sind Punkte auf der steileren Geraden bis zum Punkt C oder J und durch Geldanlage sind Punkte auf der flacheren Geraden bis zum Punkt B oder I erreichbar.

Offensichtlich können nicht alle durch Geldanlage oder Verschuldung von den Punkten A und H aus erreichbaren Einkommenskombinationen auch optimale Konsumkombinationen sein. Für einen geduldigen Investor ist die Konsumkombination am Punkt K optimal. Für einen Ungeduldigen diese am Punkt F.

Aussage des Hirshleifer-Modells:
Bei der Investitionsplanung auf einem unvollkommenen Kapitalmarkt muss man erst die präferenzabhängigen Konsum- und Finanzpläne kennen, um die Vorteilhaftigkeit von Investitionen beurteilen zu können bzw. um den „richtigen" Diskontierungssatz zu bestimmen, mit dem Kapitalwerte errechnet werden können.

Mögliche Reaktionen auf Erkenntnisse des Hirshleifer-Modells:
1. Verwerfen der Kapitalwertmethode, Suche nach alternativen Modellen
2. Verwendung von KWM, obwohl die Voraussetzungen hierfür nicht erfüllt sind
3. Anwendung von KWM in der Hoffung, dass Fehler klein sind

4. Kapitalkosten

4.1 Einführung

Kapitalkosten = alle von Kapitalgebern als Entgelt für die Kapitalüberlassung gestellten Ansprüche auf Rückflüsse.

Beschreibung der Kapitalstruktur durch den Verschuldungsgrad: $V = \dfrac{FK}{EK}$

Bei der Suche nach einer für die Eigenkapitalgeber einer Aktiengesellschaft optimalen Kapitalstruktur könnte man die Vor- und Nachteile zunehmender Verschuldung gegenüberstellen. Optimal ist diejenige Kapitalstruktur, die die durchschnittlichen Kapitalkosten minimiert bzw. den Gesamtwert der Unternehmung maximiert. Bei ihr wären die Vorteile der letzten Einheit eingesetzten Fremdkapitals gerade noch größer als ihre Nachteile. Dabei wirken folgende Effekte zusammen:

(1) Bei zunehmender Verschuldung wird „teures" Eigenkapital durch „billiges" Fremdkapital substituiert.
(2) Dafür wird das Eigenkapital „riskanter", und die von Eigenkapitalgebern geforderte Verzinsung steigt ab einem nicht näher bestimmten Niveau der Verschuldung an.
(3) Bei starker Verschuldung steigen auch die Fremdkapitalkosten, da bzw. wenn Gläubiger ihre Kredite für riskant zu halten beginnen und eine Risikoprämie fordern.

Diese drei Effekte und ihr Zusammenwirken kommen in der Gleichung

$$k(d) = k_{EK} \cdot \frac{EK}{GK} + k_{FK} \cdot \frac{FK}{GK}$$

$k(d) =$ Kalkulationszinssatz zur Beurteilung von Investitionen

$k_{EK} =$ Eigenkapitalkosten
$k_{FK} =$ Fremdkapitalkosten

zum Ausdruck.

Wegen $\lim\limits_{V \to \infty} k_d = k_{FK} \Rightarrow V$ so groß wie möglich, da auch $k_{FK} < k_{EK}$.

4.2 Die These vom optimalen Verschuldungsgrad

In der folgenden Abbildung sind diese drei Effekte graphisch dargestellt. Die obere Kurve zeigt die Eigenkapitalkosten, die untere die Fremdkapitalkosten, jeweils in Abhängigkeit von der Kapitalstruktur. Die mittlere Kurve stellt den gewogenen Durchschnitt der Eigen- und Fremdkapitalkosten als die durchschnittlichen Kapitalkosten dar. Die Funktion kd verläuft u-förmig. Sie weißt ihr Minimum bei der optimalen Kapitalstruktur V* auf. Bis V* erreicht ist, überwiegt bei zunehmender Verschuldung der erste Effekt. Wird mehr Fremdkapital als bei dem Verhältnis V* aufgenommen, dann ist der Anstieg der Eigenkapitalkosten – und bei weiterer Verschuldung auch der Anstieg der Fremdkapitalkosten – derart ausgeprägt, dass die sich Kapitalkosten trotz des noch wirkenden ersten Effektes erhöhen.

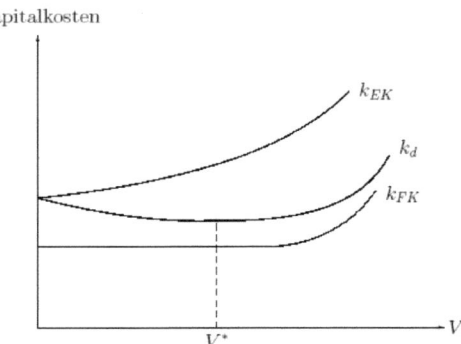

Es ist der Kern der traditionellen These zum Kapitalstrukturproblem, dass es ein Minimum der Kapitalkosten und somit eine optimale Kapitalstruktur gibt.

Genauere Betrachtung zeigt jedoch einige Probleme:
- Die Eigen- und Fremdkapitalkosten werden als für alle relevanten Marktteilnehmer gleich angenommen
- Ist die Annahme plausibel, dass ab gewisser Schwelle die Kosten steigen? Wird das Unternehmen also insgesamt riskanter?

4.3 Thesen von Modigliani / Miller

4.3.1 Wertadditivitätstheorem

Auf einem vollkommenen Kapitalmarkt im Gleichgewicht ist der Preis eines Portfolios unabhängig davon, ob es in einzelnen Teilen oder als Ganzes gehandelt wird. Es gilt also:

$$\sum_{i=1}^{I} n_i \cdot p(Z_i) = p\left(\sum_{i=1}^{I} n_i \cdot Z_i \right),$$ denn: Sei z.B. linke Seite < rechte Seite, dann:

1. erzeuge Portfolios durch Einzeltransaktionen und verkaufe es als Paket (Arbitragemöglichkeit).

2. risikoloser sofortiger Gewinn in Höhe der Differenz (Arbitragegewinn).

Dies ist bei vollkommenem Kapitalmarkt und Nicht-Vorliegen eines Gleichgewichts stets möglich. Durchführung der Arbitrage lässt die Differenz gegen 0 gehen; dann liegt erst Gleichgewicht vor.

Arbitrage bezeichnet den Handel, der Preisunterschiede für gleiche Handlungsalternativen (Marktgegenstände) in verschiedenen Markt (Ökonomie)|Märkten zum Zwecke einer beabsichtigten risikoarmen Gewinnerzielung nutzt. Infolge der ausgleichenden Wirkung der Arbitrage passen sich die Preise in verschiedenen Märkten einander an, der Vorteil existiert nur zeitlich begrenzt.

4.3.2 Modell

Mit einem ganz anderen Denkansatz als die Vertreter der traditionellen These haben Modigliani und Miller bewiesen, dass die Kapitalkosten konstant sind und dass ihre Unabhängigkeit von der Kapitalstruktur eine Folge des Gleichgewichts am Kapitalmarkt ist. Am Anfang ihrer Überlegungen steht die einfache und geläufige Erkenntnis, dass der Kapitalmarkt ein Markt ist und dass gleiche Güter auf einem vollkommenen Markt im Gleichgewicht denselben Preis haben.

$$n_{EK} = \text{Anzahl der Aktien}$$
$$n_{FK} = \text{Anzahl der Anleihen}$$
$$X_{EK} = \text{Rückfluß auf eine Aktie (Zufallsvariable)}$$
$$X_{FK} = \text{Rückfluß auf eine Anleihe (Zufallsvariable)}$$
$$X = n_{EK} \cdot X_{EK} + n_{FK} \cdot X_{FK}$$
$$= \text{Gesamtrückfluß (Privathaftung ausgeschlossen)}$$

$$p(\cdot) = \text{Preisfunktion (beschreibt Preisbildung am Markt)}$$
$$p(X_{EK}) = \text{Preis einer Aktie}$$
$$p(X_{FK}) = \text{Preis einer Anleihe}$$

$$EK^M = p(n_{EK} \cdot X_{EK})$$
$$FK^M = p(n_{FK} \cdot X_{FK})$$
$$GK^M = p(n_{EK} \cdot X_{EK} + n_{FK} \cdot X_{FK})$$

Die geforderten Kapitalrenditen sind erwartete Renditen und hängen vom Risiko ab. Je höher dieses ist, desto höher ist k_{EK} bzw. k_{FK} und desto niedriger ist der Preis.

$$k_{EK} = \frac{E(X_{EK})}{p(X_{EK})} - 1, \quad k_{FK} = \frac{E(X_{FK})}{p(X_{FK})} - 1$$

4.3.3 MM-These zum Unternehmenswert

Wegen WAT gilt:
$$EK^M = p(n_{EK} \cdot X_{EK})$$
$$FK^M = p(n_{FK} \cdot X_{FK})$$
$$GK^M = p(n_{EK} \cdot X_{EK} + n_{FK} \cdot X_{FK})$$

Betrachtet man nun ein bestimmtes Unternehmen.

- Ist es unverschuldet, so gilt für seinen Marktwert:
$$GK_u^M = p(n_{EK}^u \cdot X_{EK}^u) = p(X)$$
- Ist es verschuldet, so gilt für seinen Marktwert:
$$GK_v^M = p(n_{EK}^v \cdot X_{EK}^v + n_{FK}^v \cdot X_{FK}^v) = p(X)$$

Auf einem vollkommenen Kapitalmarkt ist der Verschuldungsgrad ohne Einfluss auf den Marktwert des Gesamtunternehmens. Dieser ist gleich dem Wert bei alleiniger Eigenfinanzierung.

Oder:

Die Gesamtwerte von zwei Unternehmen in einer Risikoklasse, die gleiche erwartete Bruttogewinne aufweisen, unterscheiden sich trotz unterschiedlicher Kapitalstrukturen nicht.

4.3.4 MM-These zu den Kapitalkosten

Wie die durchschnittlichen Kapitalkosten k von der Kapitalstruktur abhängen, ergibt sich unmittelbar in Verbindung mit dem ersten MM-Theorem, das besagt, dass der Unternehmenswert von der Kapitalstruktur unabhängig ist: Dann müssen auch die Kapitalkosten unabhängig von der Kapitalstruktur sein.

Analog zur Beschreibung der geforderten Kapitalrenditen k_{EK}, k_{FK} im Abschnitt 4.3.1 setzen wir für das Gesamtunternehmen an:
$$k_d^M = \frac{E(X)}{p(X)} - 1$$
(Grund für die Bezeichnung folgt unten)

Mit WAT folgt (vgl. voriger Abschnitt)
$$k_d^M = \frac{E(X)}{GK^M} - 1$$

Umformung für k_d^M:
$$k_d^M = \frac{E(X)}{GK^M} - 1 = \frac{E(n_{EK} \cdot X_{EK} + n_{FK} \cdot X_{FK}) - GK^M}{GK^M}$$
$$= \frac{EK^M \cdot (1 + k_{EK}) + FK^M \cdot (1 + k_{FK}) - GK^M}{GK^M}$$

$$k_d^M = k_{EK} \cdot \frac{EK^M}{GK^M} + k_{FK} \cdot \frac{FK^M}{GK^M}$$

durchschnittliche Kapitalkosten im Kapitalmarktzusammenhang

Die Kapitalkosten einer verschuldeten Unternehmung sind im Gleichgewicht konstant und somit unabhängig von der Kapitalstruktur. Sie gleichen den Eigenkapitalkosten einer unverschuldeten Unternehmung aus derselben Risikoklasse, und der erwarteten Rendite des zu Marktwerten bewerteten Gesamtkapitals von Unternehmungen in der Risikoklasse.

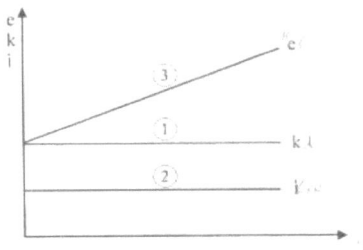

4.4 Bestimmung der Kapitalkosten

In der praktischen Unternehmenssteuerung ist es von höchster Wichtigkeit, Kenntnis über die Kapitalkosten zu haben, z.b. zum Treffen von Investitionsentscheidungen.

Als Kapitalkosten des Unternehmens berechnet man die durchschnittlichen Kapitalkosten WACC. Hierfür müssen zunächst k_{EK} und k_{FK} bestimmt werden.

Die Fremdkapitalkosten k_{FK} sind relativ einfach aus den bestehenden Konditionen berechenbar.

Die Eigenkapitalkosten sind kaum genau bestimmbar, sondern nur abzuschätzen.

Annahmen: Marktgleichgewicht, homogene Erwartungen
a) Einfaches Dividendenbarwertmodell:

$$k_{EK} = \frac{D}{W_0}$$

b) Dividendenwachstumsmodell:

$$k_{EK} = \frac{D_1}{W_0} + g$$

Beispiel 4.3: Aktienkurs (=Wert): $W_0 = 250$
1.Fall: $D = 30$ konstant
$$\Rightarrow k_{EK} = \frac{30}{250} = 0,12 \quad (12\%)$$
2.Fall: nächste Dividende 30 DM, Wachstums-
faktor 3 %
$$\Rightarrow k_{EK} = \frac{30}{250} + 0,03 = 0,15 \quad (15\%)$$

5. Kapitalmarkttheorie

5.1 Die Markteffizienz-Hypothese

Markteffizienz: Die Wertpapiere enthalten sämtliche erhältlichen Informationen

- Schwache Form: Alle Informationen über die Vergangenheit sind enthalten
- Mittelstarke Form: Alle frei verfügbaren Informationen sind enthalten
- Starke Form: Sämtliche Informationen sind im Preis enthalten

Gilt die Markteffizienz-Hypothese, so
- Spiegeln die Marktpreise den tatsächlichen Wert eines Papiers wider
- Können Investoren den Kauf/Verkauf von Papieren nicht „timen"

Das folgende Kapitalmarktmodell setzt die Gültigkeit der Markteffizienzhypothese in der starken Form voraus.

5.2 Modellierung

- 2-Punkt-Modell
- Auf dem Kapitalmarkt werden Wertpapiere mit unsicheren Rückflüssen gehandelt.

$$\text{Kovarianz } \sigma_{ij} = Cov(R_i, R_j) = E([R_i - \mu_i] \cdot [R_j - \mu_j])$$
$$\text{Korrelationskoeffizient } \varrho_{ij} = \frac{\sigma_{ij}}{\sigma_i \cdot \sigma_j}$$

Die Präferenzen lassen sich durch μ-σ Regeln beschreiben:

$$R_i \text{ wird gegenüber } R_j \text{ bevorzugt}$$
$$\Leftrightarrow \Phi_k(R_i) = \mu_i - k \cdot \sigma_i^2 > \mu_j - k \cdot \sigma_j^2 = \Phi_k(R_j)$$

Darstellung der Zusammenhänge erfolgt in der μ-σ-Ebene:

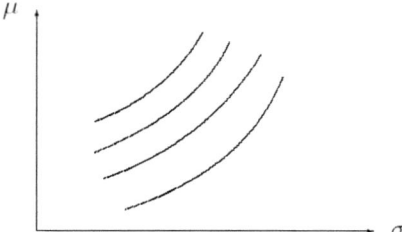

5.3 Portfolio-Theorie

Die Portfoliotheorie untersucht das Investitionsverhalten und die Portfoliobildung von Teilnehmern an Kapitalmarkt|Kapitalmärkten (z.B. Aktienmarkt).

Ein Charakteristikum der Geldanlage in Aktien ist, dass Anleger fast ausnahmslos nicht nur Aktien einer Unternehmung, sondern Wertpapiermischungen, so genannte Portfolios, halten. Durch das Mischen von Wertpapieren entstehen Vorteile, weil sich die Risiken der einzelnen Wertpapiere gegenseitig beeinflussen. Wie stark diese Vorteile ausgeprägt sind, wovon sie abhängen und wie sie am besten genutzt werden können, ist der Inhalt der Lehre von der Portfoliobildung.

(1) Diversifikation mindert das Risiko eines Portfolios. Wie stark das Risiko reduziert wird, hängt von den Eigenschaften der Aktien im Portfolio und von der Zusammensetzung des Portfolios ab.

(2) So genannte effiziente Aktienportfolios erhält man, wenn man die Möglichkeit der Risikoreduktion durch Diversifikation soweit ausnutzt, wie es möglich und sinnvoll ist. Im allgemeinen Fall ist die optimale Zusammensetzung des Aktienportfolios eines Anlegers von dessen Risikoneigung abhängt.

(3) Wenn die Möglichkeit besteht, Geld zu einem gegebenen Zinssatz risikolos anzulegen und sich zu dem selben Zinssatz zu verschulden und mit dem Kreditbetrag Aktien zu kaufen, ist die optimale Zusammensetzung des Portfolios hingegeben unabhängig von seiner Risikoneigung. Auch für die Zusammensetzung optimaler Aktienportfolios gibt es also ein Separationstheorem.

Definition: Ein Portfolio beschreibt die Aufteilung eines vorgegebenen Betrages auf die Wertpapiere $R_1;\dots;R_m$ in den Anteilen $\alpha_1;\dots;\alpha_m$, wobei

$$\sum_{i=1}^{m} \alpha_i = 1$$

gilt.

Hier und im Folgenden nehmen wir an:
- Dass die Aktien beliebig teilbar sind
- Dass der Anleger einen Planungszeitraum von einer Periode hat
- Dass sich seine Präferenzen auf sein Vermögen am Periodenende beziehen
- Dass er risikoscheu ist

Ein Portfolio wird beschrieben durch seine Rendite:

Die erwartetet Portfoliorendite ist:

$$E(P) = \mu_P = \sum_{i=1}^{m} \alpha_i \cdot \mu_i$$

Die Varianz der Portfoliorendite ist:

$$\sigma_P^2 = \sum_{i=1}^{m} \alpha_i^2 \cdot \sigma_i^2 + 2 \cdot \sum_{i=1}^{m-1} \sum_{j=i+1}^{m} \alpha_i \cdot \alpha_j \cdot \sigma_i \cdot \sigma_j \cdot \varrho_{ij}$$

5.3.2 Portfolios ausschließlich riskanter Wertpapiere

Einfluss der Korrelation auf die Menge der erzeugbaren Portfolios (2 Wertpapiere):

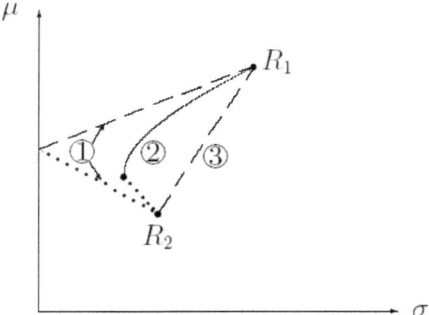

Die Punkte R1 und R2 sind durch die μ- und σ-Koordinatenwerte für die Renditen der Aktien 1 und 2 festgelegt. Die gerade Verbindungslinie stellt die entsprechenden Werte für alle möglichen Portfolios im Sonderfall vollkommener positiver Korrelation dar.

Ein Korrelationskoeffizient von +1 stellt den Sonderfall vollständiger positiver Korrelation dar. Nur in diesem Sonderfall ist das Portfoliorisiko gleich dem Durchschnittsrisiko, sonst ist es kleiner. Im Fall vollständiger negativer Korrelation von -1 ist das Portfoliorisiko gleich Null.

Die rechtsgekrümmten Linien stellen Risiko-Ertrags-Werte möglicher Portfolios aus den Aktien 1 und 2 dar, wenn die Renditen nicht vollkommen korreliert sind. Je nachdem wie hoch die Korrelation ist, nähert sich die Kurve mehr oder weniger den „Kathoden" an. Diese „Kathoden" enthalten alle Portfolios mit positiven Aktienanteilen im Sonderfall vollkommener negativer Korrelation. Das Portfolio „Scheitelpunkt" ist dasjenige unter ihnen, dessen Ertrag sicher ist.

Ein Investor, der ein optimales Portfolio bestimmen will, kann in zwei Schritten vorgehen: Im ersten Schritt sind die effizienten Portfolios aus der Gesamtheit der möglichen Portfolios auszusondern. Im zweiten Schritt ist das optimale unter den effizienten Portfolios zu wählen.

Ein Portfolio heißt dann effizient, wenn es kein anderes gibt, das bei ebenso hohem „Ertrag" ein geringeres „Risiko" oder bei gleich großem „Risiko" einen höheren „Ertrag" aufweist.

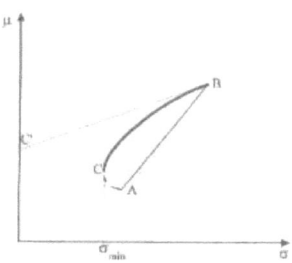

Alle Kombinationen aus den beiden Aktien 1 und 2 in der Abbildung sind auf der gekrümmten Verbindungslinie der Punkte A und B aufgetragen. Jeder Punkt auf dieser Linie repräsentiert also ein bestimmtes Portfolio mit einer bestimmten Zusammensetzung aus den beiden Aktien. Effizient sind nur die Punkte auf dem durchgezogenen Teil der Verbindungslinie. Das Portfolio C ist dasjenige mit der kleinsten Standardabweichung. Punkte unterhalb von C stellen nicht-effiziente Portfolios dar.

Eine Voraussetzung dafür, dass sich die Bestimmung optimaler Portfolios in zwei Schritte zerlegen lässt, ist ein streng konkaver Verlauf der Kurve, die die effizienten Portfolios enthält. Streng konkav ist eine Kurve, wenn jede lineare Verbindung zwischen zwei beliebigen auf der Kurve liegenden Punkten unterhalb der Kurve verläuft.

Die Linie CB der effizienten Portfolios in der Abbildung ist konkav, weil die Linie zwischen den Punkten A und B rechtsgekrümmt ist. Die Rechtskrümmung der Kurve AB mit den Portfolios aus den Aktien 1 und 2 folgt aus der Annahme, dass die Renditen der beiden Aktien weder vollständig positiv noch vollständig negativ korreliert sind.

Unter den getroffenen Annahmen ist damit auch die Zusammensetzung des optimalen Portfolios subjektiv und abhängig von der individuellen Risikoeinstellung des betrachteten Anlegers.

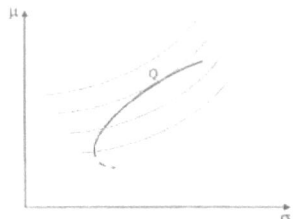

Dass es eine eindeutige Lösung für das Problem der Auswahl des optimalen unter den effizienten Portfolios gibt, folgt aus der Konvexität der Indifferenzkurven, die die Risikoaversion des Anlegers repräsentiert, und der Konkavität der Linie der effizienten Portfolios, die den Diversifikationseffekt widerspiegelt.

5.3.3 Portfolios bei Einbeziehung einer risikolosen Anlagemöglichkeit

Wenn die risikolose Geldanlage möglich ist, besteht das Portfolio eines Anlegers aus einem risikobehafteten Anteil und einem risikolosen Anteil. Das ganze Portfolio eines Anlegers ist also ein Mischportfolio aus riskanter und risikoloser Anlage.

Eine wichtige zusätzliche Annahme ist, dass zum Zinssatz r_f nicht nur Geld in beliebiger Stückelung angelegt, sondern auch aufgenommen werden kann. Bezüglich der sicheren Anlage wird also ein vollkommener und vollständiger Kapitalmarkt unterstellt.

Die Möglichkeit zu risikoloser Geldanlage und zu risikoloser Verschuldung zum „sicheren" Zinssatz verändert die Menge der möglichen und der effizienten Portfolios und führt zu quantitativ anderen Ergebnissen. Das wichtigste neue Ergebnis ist, dass sich das Entscheidungsproblem eines Anlegers in zwei Teile zerlegen lässt:

(1) Im ersten Teil wird die risikobehaftete Geldanlage geplant. Das bedeutet, es wird die optimale Zusammensetzung des Aktienportfolios bestimmt.

(2) Im zweiten Teil wird die Risikoneigung des Anlegers dadurch berücksichtigt, dass festgelegt wird, wie sehr das Risiko des Aktienportfolios durch Geldanlage zum sicheren Zinssatz gemildert oder durch Kreditaufnahme erhöht wird.

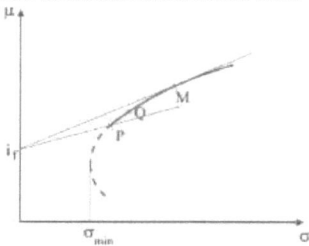

Wenn die risikolose Anlage zu rf möglich ist, sind die unterhalb von Punkt P liegenden Portfolios auf der ursprünglich effizienten Linie keine effizienten Portfolios mehr: Es gibt aus rf und P zusammengesetzte Mischportfolios, die bei gleichem Risiko einen höheren erwarteten Ertrag aufweisen als die in der Abbildung durch die gestrichelte Linie gekennzeichneten Aktienportfolios.

Auf der Geraden durch rf und M und links von M liegen die Risiko-Ertrags-Kombinationen, die ein Anleger erreichen kann, wenn er sein Geld auf die sichere Anlage und das Portfolio M aufteilt. Geradenpunkte rechts von M sind erreichbar, wenn ein Anleger Geld zum Zinssatz rf aufnimmt und dieses Geld zusammen mit dem ursprünglich anzulegenden Betrag in das Portfolio M investiert. Da keine besseren Risiko-Ertrags-Kombinationen als die auf der Geraden durch rf und M erreichbar sind, hält ein Anleger Aktien in dem Verhältnis, das der Zusammensetzung des Portfolios M entspricht.

Separationstheorem (Tobin-Separation):
Auf einem vollkommenen Kapitalmarkt unter Unsicherheit gilt:

a) Unabhängig von der individuellen Präferenz ist es optimal, die risikolose Anlage r_f genau mit demjenigen Portfolio zu mischen, welches den Tangentialpunkt einer durch r_f verlaufenden Geraden an der Effizienzlinie der risikobehafteten Anlage bildet.

b) Die Auswahl eines optimalen Portfolios auf der Tangente ist präferenzabhängig.

5.4 Capital Asset Pricing Modell (CAPM)

Das Capital Asset Pricing Model (CAPM, Modell der Wertpapierlinie) baut auf der Portfoliotheorie von Harry M. Markowitz auf und zählt zu den "Kapitalmarktgleichgewichtsmodellen". Das CAPM erweitert die Portfoliotheorie um die Frage, welcher Teil des Gesamtrisikos eines Investitionsobjekts nicht durch Risikostreuung (Diversifikation) zu beseitigen ist und erklärt, wie risikobehaftete Anlagemöglichkeiten im Kapitalmarkt bewertet werden. Der Kern des CAPM, das Modell der Wertpapierlinie, beschreibt eine lineare Abhängigkeit der zu erwartenden Rendite einer Kapitalanlage von nur einer Risikoeinflussgröße (Ein-Faktor-Modell). Ziel des CAPM ist es letztlich, Gleichgewichtskurse für einzelne riskante Anlagemöglichkeiten (im Folgenden: Wertpapiere) im Portfoliozusammenhang unter Unsicherheit (Risiko) herzuleiten.

Die Kapitalmarkttheorie ist nicht wie die Portfoliotheorie eine normative Theorie über Anlegerentscheidungen, sondern eine positive Theorie über die Preisbildung am Kapitalmarkt. Eine normative Theorie enthält Aussagen darüber, wie sich die Wirtschaftssubjekte verhalten und wie sie entscheiden sollen. Dagegen trifft eine positive Theorie Aussagen über Sachverhalte und Regelmäßigkeiten in der Realität. Die in den Wirtschaftswissenschaften üblichen positiven Theorien über die Preisbildung auf Märkten bauen auf Annahmen darüber auf, wie sich die Marktteilnehmer verhalten. In diesem Sinne baut auch die Kapitalmarkttheorie auf der Theorie der Portfoliobildung auf. Sie stellt und beantwortet die Frage, welche Preise und Preisverhältnisse und damit welche Renditen sich am Kapitalmarkt ergeben, wenn sie sich die Marktteilnehmer so entscheiden, wie es die Portfoliotheorie nahe legt, und wenn am Kapitalmarkt Gleichgewicht herrscht.

Von einem Gleichgewicht kann man nur sprechen, wenn alle Anleger zusammen alle Aktien halten, die einen positiven Kurs haben. Da alle das einheitliche Aktienportfolio M halten, muss dieses Portfolio alle Aktien enthalten. Aktien, die nicht Teil dieses Portfolios wären, würden von niemandem gehalten und hätten deshalb einen Kurs von 0, daher wäre dieses Portfolio nicht effizient. Die wertmäßige Zusammensetzung dieses Portfolios muss deshalb dem Verhältnis der Marktwerte der in ihm enthaltenen Aktien entsprechen. Daher heißt M das „Marktportfolio". Es bildet genau den Aktienmarkt ab.

5.4.1 Die Kapitalmarktlinie

Effiziente Portfolios, die immer Mischportfolios aus einem risikobehafteten und einem risikolosen Anteil bestehen, müssen immer auf einer Geraden durch rf und M liegen, die so genannte Kapitalmarktlinie.

Gleichung der Kapitalmarktlinie: $\quad \mu_P = r_f + \dfrac{\mu_M - r_f}{\sigma_M} \cdot \sigma_P$

5.4.2 Die Wertpapierlinie

$$\mu_j = r_f + (\mu_M - r_f) \cdot \beta_j \quad \text{mit} \quad \beta_j = \frac{\sigma_{jM}}{\sigma_M{}^2} = \varrho_{jM} \cdot \frac{\sigma_j}{\sigma_M}$$

In der bekannten Fassung des CAPM taucht zum ersten Mal der Koeffizient βi auf. Er ist ein zentraler Baustein der Kapitalmarkttheorie. Von seiner Interpretation her ist βi weiterhin ein individuelles Risikomaß für einzelne Aktien oder Geldanlagemöglichkeiten. Von seiner Form her ist βi ein Regressionskoeffizient. Er zeigt die empirische Beziehung zwischen der Rendite einer bestimmten Aktie i oder des betrachteten Portfolios und der Rendite des Marktportfolios.

In Worten sagt das CAPM:
Im Gleichgewicht ist die erwartete Rendite einer Aktie die Summe aus dem risikolosen Zinssatz und einer Risikoprämie, die sich als Produkt aus einer Marktrisikoprämie pro Risikoeinheit und dem aktienindividuellen Risikomaß βi ergibt.

Die lineare Beziehung des CAPM wird auch als Wertpapierlinie bezeichnet. Es ist wichtig, sie genau von der Kapitalmarktlinie zu unterscheiden: Beide sind lineare Gleichgewichtsbeziehungen für Ertrag und Risiko; beide haben den gleichen Absolutbetrag rf. Aber sie gelten für unterschiedliche Anlageobjekte, nämlich in einem Fall nur für effiziente

Portfolios und im anderen Fall auch für einzelne Aktien und ineffiziente Portfolios, und sie verwenden unterschiedliche Risikomaße.

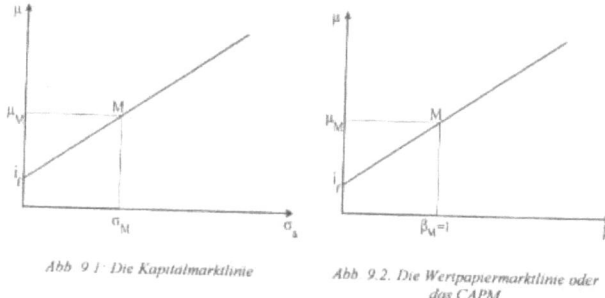

Abb 9 1 Die Kapitalmarktlinie   Abb 9.2. Die Wertpapiermarktlinie oder
                                                              das CAPM

5.4.3 Systematisches und unsystematisches Risiko

Das Risiko σ_P setzt sich also aus zwei Komponenten zusammen:

$$\sigma_P = \sigma_P \cdot \rho_{PM} + \sigma_P \cdot (1 - \rho_{PM})$$

Der erste Summand ist das systematische Risiko. Es muss zwangsläufig eingegangen werden, will man die erwartete Rendite μ_P haben.

Der zweite Summand ist zusätzliches, gegenüber der optimalen Wahl Q durch die Wahl von P „unnötig" übernommenes Risiko. Es heißt unsystematisches Risiko.

Nur das systematische Risiko wird vom Markt durch die Rendite vergolten. Ein optimal diversifiziertes Portfolio (auf der Kapitalmarktlinie) hat einen Korrelationskoeffizienten von 1 und damit kein unsystematisches Risiko.

Bereits durch einfache Streuung der Anlage über verschiedene Wertpapiere („naive Diversifikation") lässt sich das unsystematische Risiko erheblich senken.

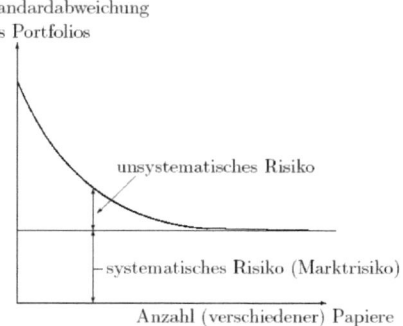

Standardabweichung
des Portfolios

unsystematisches Risiko

systematisches Risiko (Marktrisiko)

Anzahl (verschiedener) Papiere

34

5.4.4 Die zentralen Aussagen und Schlussfolgerungen

Im Kapitalmarktgleichgewicht gilt:

Jeder rationale, risikoaverse Investor handelt optimal, wenn er ein Abbild des Marktportfolios hält und dieses je nach der persönlichen Präferenz mit der sicheren Anlage rf mischt.

Das entscheidungsrelevante Risiko eines Wertpapiers (bzw. Portfolios) ist das Risiko in Relation zum Risiko des Marktes (des Marktportfolios).
- Entscheidend sind die Kovarianzen (Korrelationen), nicht die isolierten Varianzen!
- Das Risiko in Relation zum Gesamtrisiko des Marktportfolios misst der Betafaktor

Gemessen wird lediglich der Risikobeitrag zu einem optimal diversifizierten Portfolio (systematisches Risiko). Nur für dieses erfolgt vom Markt eine Vergütung durch die adäquate erwartete Rendite gemäß der Wertpapierlinie. Die Übernahme von unsystematischem Risiko wird nicht durch eine Erhöhung der erwarteten Rendite kompensiert.

5.4.5 Die Preisgleichung

Die Wertpapierlinie kann so umformuliert werden, dass eine Bestimmungsgleichung für den nach CAPM angemessenen Preis p_j eines Stückes des Wertpapiers j entsteht.

$$p_j = \frac{E(X_j) - \frac{\mu_M - r_f}{\sigma_M{}^2} \cdot Cov(X_j, R_M)}{1 + r_f}$$

5.5 CAPM als empirische Beziehung, Marktmodell und Arbitrage Pricing Theory

Wie die Kapitalmarktlinie kann man auch das CAPM als eine empirische Beziehung deuten. Es ist auch mehrfach mit realen Daten getestet worden. Dabei stellt es sich natürlich ebenso wie bei praktischen Anwendungen als besonders schwierig heraus, die relevanten Werte zu schätzen. Wir wollen kurz darauf eingehen, wie man die β_i-Werte einzelner Aktien ermitteln kann.

Wie gesagt ist der Koeffizient β zugleich ein Risikomaß innerhalb einer Gleichgewichtsbeziehung zwischen Ertrag und Risiko und ein Regressionskoeffizient, der die Abhängigkeit der Rendite der Aktie i in einem gegebenen Zeitraum von der Rendite des Marktportfolios darstellt. Aus der Eigenschaft, ein Regressionskoeffizient zu sein, lässt sich ein Weg ableiten, um empirische β-Werte zu bestimmen.

Die Rendite des Marktes und die Rendite einer Aktie sind beide unsicher. Sie können also verschiedene Werte annehmen. Wertepaare für diese Renditen kann man in einem Diagramm als Punkte darstellen. Wenn ein systematischer Zusammenhang zwischen den Abweichungen der beiden Renditen von ihren jeweiligen Mittelwerten besteht, sind die Punkte mehr oder weniger eng um eine Ausgleichslinie herum verteilt. Eine solche Ausgleichslinie nennt man eine Regressionsgerade.

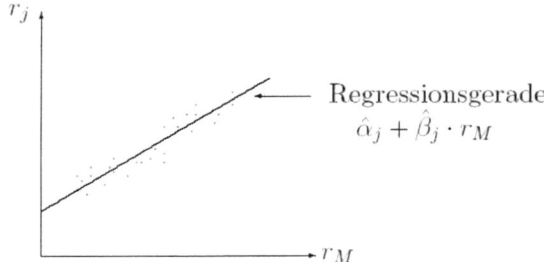

Die Steigung dieser Regressionsgeraden, die in der Literatur als „characteristic line" bezeichnet wird, ist der Regressionskoeffizient β.

$$\hat{\beta}_j = \frac{\hat{\sigma}_{jM}}{\hat{\sigma}_M^2} = \frac{\displaystyle\sum_{t=1}^{T}(r_{jt} - \bar{r}_j)(r_{Mt} - \bar{r}_M)}{\displaystyle\sum_{t=1}^{T}(r_{Mt} - \bar{r}_M)^2} = \frac{\text{relative Abweichung der Aktienrendite}}{\text{relative Abweichung der Marktrendite}}$$

Das Steigungsmaß der Regressionsgerade ist auch ein Maß für die Empfindlichkeit der Aktienrendite gegenüber allgemeinen Marktschwankungen. In der Sprache der Börsenpraktiker sagt man, βi misst die Volatilität einer Aktie. Von Aktie zu Aktie ist es verschieden, wie eng der Zusammenhang zwischen der Aktienrendite und der Marktrendite ist. Ist er eng, liegen die Punkte nahe bei der Regressionsgeraden. Dann ist das Gesamtrisiko einer Aktie weitgehend systematisches Risiko. Ist der Zusammenhang lose, liegen die Punkte weiter von der Geraden entfernt. Dann überwiegt das unsystematische Risiko, das aber nicht bewertungsrelevant ist, weil es durch Diversifikation zum Verschwinden gebracht werden kann.

Die Arbitrage Pricing Theory (APT) beschreibt eine Methode für die Bestimmung der Eigenkapitalkosten.

<u>5.6 CAPM und Finanzierungsentscheidungen</u>

Die durch die Preisgleichung gegebene Preisfunktion p erfüllt die Aussage des Wertadditivitätstheorem WAT. Damit können die Modigliani/Miller-Thesen bewiesen werden.

MM-These zur Irrelevanz der Kapitalstruktur für Unternehmenswert gilt auch unter CAPM.

CAPM-Separationstheorem:
Unter CAPM können Investitionsentscheidungen unabhängig von Finanzierungsentscheidungen getroffen werden.

<u>5.7 CAPM und Investitionsentscheidungen</u>

Die Durchführung ist vorteilhaft, wenn der Betrag I_0 am Markt nicht besser angelegt werden kann, d.h.: $P^M > I_0$, Investition vorteilhaft.

Die Bestimmung des Marktwertes PM des Projektes erfolgt nach der CAPM-Preisgleichung; er ist unabhängig von der Finanzierung.

5.8 Zur Beurteilung von CAPM

a) Angreifbare Voraussetzungen:
- o vollkommener Kapitalmarkt, homogene Erwartungen
- o spezielle Präferenzen
- o Gleichgewichtsanalyse

- relativ übereinstimmend: lineare Beziehung zwischen erwarteten Renditen und Betafaktoren scheint angemessen.
- Die charakteristischen Linien (Regressionsgeraden) haben häufig geringere Steigung und größere Achsenabschnitte als die theoretische Wertpapierlinie.
- Zusätzliche Faktoren haben Einfluss
- Saisoneffekte
- Die Betafaktoren sind nicht zeitstabil

b) Zur Beurteilung von Investitionen mit CAPM:

- unterstützt Risikoberücksichtigung durch Abschlag bei Barwertkalkulation; dieser muss auf dem Kovarianzrisiko, nicht auf isolierten Varianzen aufbauen
- großes Datenproblem (z.B. Korrelationen)

c) Übertragung auf den Mehrperiodenfall ist praktisch und theoretisch schwierig

6. Wertpapiermanagement

6.1 Beurteilungsgrößen für Wertpapierinvestments

6.1.1 Rendite

prinzipielle Definition der Rendite r eines Investments vom Umfang B: B wächst auf $(1 + r) * B$ an.

Bezeichnungen:
$t = 1; ::::; n$ Periodenzähler
K_0 = Wert (Kurs) zu Beginn 1. Periode
K_t = Wert (Kurs) zu Ende t-ter Periode
Z_t = Zufluss zu Ende t-ter Periode (Kupon, Dividende,...); ggf. auch Abflüsse

Totalrendite (falls alle $Z_t = 0$):

$$r_{total} = \frac{K_n - K_0}{K_0} = \frac{K_n}{K_0} - 1$$

Im Wesentlichen sind drei Methoden der Ermittlung der Renditen zu unterscheiden:

a) Interne Rendite:

$$r_{eff} \quad mit \quad K_0 = \frac{K_n}{(1 + r_{eff})^n} + \sum_{t=1}^{n} \cdot \frac{Z_t}{(1 + r_{eff})^t}$$

wie geometrisches Mittel, aber die Zt dürfen ungleich 0 sein.

b) Geometrisches Mittel:

$$r_g = \sqrt[n]{\frac{K_n}{K_0}} - 1$$

Geht gedanklich von einem durchgehenden, mehrjährigen Investment aus und berechnet die durchschnittliche Mehrperiodenrendite (mit Zinseszinseffekten). Nur anwendbar, wenn zwischenzeitlich keine Zu- oder Abflüsse (alle Zt = 0); z.B. bei Zerobonds.

c) Arithmetisches Mittel:

$$\bar{r} = \frac{1}{n} \cdot \sum_{t=1}^{n} \left[\underbrace{\frac{K_t - K_{t-1}}{K_{t-1}}}_{\substack{\text{Kursrendite} \\ \text{in Periode t}}} + \underbrace{\frac{Z_t}{K_{t-1}}}_{\substack{\text{Kupon-/Dividenden-} \\ \text{Rendite in Periode t}}} \right]$$

$$\underbrace{}_{\text{Rendite } r_t \text{ in Periode t}}$$

Geht gedanklich von n aufeinander folgenden, aber isolierten Investments aus und berechnet den Durchschnitt mehrerer Einperiodenrenditen (= durchschnittliche Rendite in einer zufällig herausgegriffenen Periode). Eher statistische Betrachtungsweise, wird im folgenden für Risikodefinition benötigt.

6.1.2 Risiko

Risiko umfasst in erster Linie das Risiko von Kursschwankungen (Volatilität), bei Aktien ferner das Risiko von Dividendenschwankungen, ggf. das Wechselkursrisiko und - hier nicht behandelt - das Bonitätsrisiko.

häufigstes Risikomaß: Standardabweichung (Standard Deviation)

$$s^2 = \frac{1}{n-1} \sum_{t=1}^{n} (r_t - \bar{r})^2$$

6.1.3 Performance

Als Performance wird meist die Rendite bezeichnet.

Zum Teil wird die Performance auch als eine risikoadjustierte Rendite aufgefasst oder als Rendite im Vergleich zu einer Benchmarkrendite (Überrendite).

6.2 Festverzinsliche Anleihen

festverzinslich: Höhe der zukünftigen Zinszahlungen steht fest

6.2.1 Selektionskriterien

6.2.1.1 Marktwert und Endwert

Die Terminstruktur der Zinssätze kann durch Zinsertragskurven (Yield Curves) zum Ausdruck gebracht werden. Sie geben die Renditen in Abhängigkeit von der Endfälligkeit wieder. Da die Zinssätze für verschiedene Laufzeiten in der Regel divergieren, sind einheitliche Kalkulationszinssätze nicht zu rechtfertigen. Hinsichtlich ihres Verlaufs werden normale, inverse und flache Zinsstrukturkurven unterschieden. Bei normalen Zinsstrukturkurven nehmen die Zinsen mit ansteigender Laufzeit zu, d.h. die kurzfristigen Zinsen liegen unterhalb der langfristigen Zinssätze. Flache Zinsstrukturkurven liegen vor, wenn die Terminstruktur der Zinssätze kaum ausgeprägt ist. Die Rendite ergibt sich dann unabhängig von der Laufzeit der Anleihen. Zinsertragskurven mit einem Wendepunkt deuten häufig auf einen Wechsel im Trend der Marktzinsentwicklung hin. Sie können oft beim Übergang von einer Hochzinsphase in eine Phase niedriger Zinssätze beobachtet werden.

„Riding the Yield Curve" Strategie
- beinhaltet den Kauf eines Bonds mit längerer Restlaufzeit als der Planungshorizont,
- impliziert eine aktive Prognose gleich bleibender (sinkender) Zinsen.

Nur wenn diese Erwartung eintrifft kann eine überdurchschnittliche Gesamtrendite erwirtschaftet werden. Entspricht aber die zukünftige 1-Jahres Spotrate der heutigen Forwardrate, ist die Gesamtrendite der Bondanlage genau die 1-Jahres Spotrate.

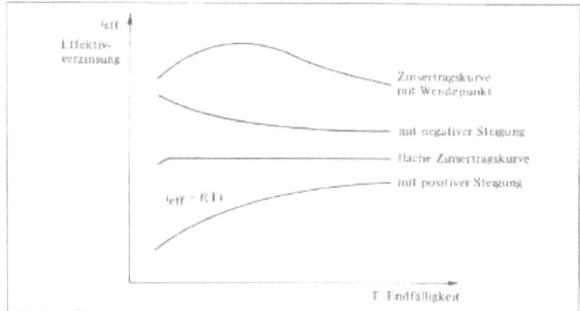

Marktwert (Barwert, Present Value) bei ganzzahliger Restlaufzeit:

$$PV = \sum_{t=1}^{n} \frac{Z_t}{(1+r)^t}$$

Endwert (Future Value):

$$FV = PV \cdot (1+r)^n = \sum_{t=1}^{n} Z_t \cdot (1+r)^{n-t}$$

Für endfällige Anleihen mit konstanter Kuponhöhe gilt:

$$PV = K \cdot \sum_{t=1}^{n} \frac{1}{(1+r)^t} + \frac{T}{(1+r)^n}$$

$$FV = \frac{K}{r} \cdot [(1 + r)^n - 1] + T$$

Nichtganzzahlige Restlaufzeit:

$$PV_s = (1 + r)^s \cdot PV = \sum_{t=1}^{n} \frac{Z_t}{(1 + r)^{t-s}}$$

bei nichtganzzahligen Restlaufzeiten sind Stückzinsen von Bedeutung:

Wechselt die Anleihe den Besitzer, so hat der Käufer dem Verkäufer den anteiligen Wert der in der laufenden Periode anfallenden Kuponzahlung zu erstatten: $SZ_s = s *$ nächster Kupon

Da dies den Vergleich von Anleihen erschwert, wird in der Praxis der Kurs ex Kupon notiert:

$$K_s^{ex} = K_s^{cum} - SZ_s$$

Notierung   tatsächlich zu zahlen

Beurteilung einer einzelnen Anleihe mit aktuellem Marktwert PV und Notierung Kex:

* Kauf vorteilhaft: $\Leftrightarrow PV > K^{cum} = K^{ex} + SZ$
* Verkauf vorteilhaft: $\Leftrightarrow PV < K^{cum} = K^{ex} + SZ$

Vergleich zweier Anleihen A und B:

A ist B vorzuziehen $\Leftrightarrow$
$$PV_A - K_A^{cum} > PV_B - K_B^{cum}$$

Aus Zerobonds ergibt sich lediglich eine Zins- und Tilgungszahlung am Ende der Laufzeit. So lassen sich mit Hilfe von Zerobond-Effektiv-Renditen (Spot-Rates) eindeutige Zinsstrukturkurven beschreiben, die im Normalfall oberhalb der Zinsstrukturkurve aus den Effektivrenditen der Kuponanleihen (nicht-flache Zinskurven) liegen.

$$PV = \sum_{t=1}^{n} \frac{Z_t}{(1 + r_t)^t} , \; FV = (1 + r_n)^n \cdot PV$$

Forward-Rates geben die Verzinsung an, die zum gegenwärtigen Zeitpunkt für ein in der Zukunft liegendes Geschäft zu erzielen ist.

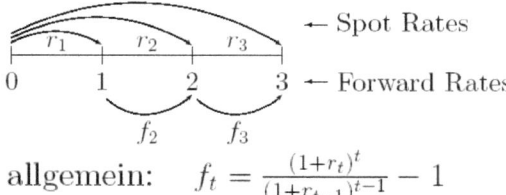

$$\text{allgemein:} \quad f_t = \frac{(1+r_t)^t}{(1+r_{t-1})^{t-1}} - 1$$

6.2.1.2 Effektivverzinsung

Die effektive Rendite festverzinslicher Titel ist in aller Regel nicht mit dem Nominalzins, den das Wertpapier verspricht, identisch. Sie muss unter Berücksichtigung von Ankaufkurs, Laufzeit der Anleihe und Rückzahlungskurs errechnet werden, wenn der Anlaufskurs vom Rückzahlungskurs abweicht.

Zur Berechnung der Effektivrendite werden in der Praxis nach wie vor Näherungsformeln verwendet:

$$i_{eff} = \frac{K + \dfrac{T - K_0}{n}}{K_0}$$

Problem: Anleihen sind bei nicht-flacher Zinskurve nicht zuverlässig vergleichbar.

Trotz dieser Nachteile ist das Effektivzinskriterium in der Praxis ungleich verbreiteter als das Barwertkriterium.

6.2.2 Risiken bei Re-Investments

a) Auslosungsrisiko bei Serientilgung

- Rückzahlung in Serien, die ausgelost werden
- Frühzeitige Auslosung kann je nach Gegebenheiten vorteilhaft oder nachteilig sein

b) Tilgungsterminrisiko

- bei Anleihen mit Recht zur vorzeitigen Tilgung (Kündigung durch Emittenten)
- Kündigung nur, wenn vorteilhaft für Emittenten, d.h. schlecht für Investor

c) Bonitätsrisiko

- (Teil-) Ausfall bzw. Verspätung der versprochenen Zahlungen
- Preis muss Bonität des Emittenten berücksichtigen
- Beurteilung: durch Rating-Agenturen

d) Inflationsrisiko

e) Währungsrisiko

f) Zinsänderungsrisiko

6.2.3 Zinsänderungsrisiko und Duration

Bei Marktzinsänderungen sind festverzinsliche Wertpapiere einem Kursrisiko ausgesetzt. Steigt der Marktzins, so fällt der Kurs von Wertpapieren mit fester Nominalverzinsung. Bei sinkenden Marktrenditen können Besitzer festverzinslicher Wertpapiere dagegen mit Kurssteigerungen rechnen. Unter Zinsänderungsrisiko im engeren Sinn wird das so genannte Endwertänderungsrisiko verstanden, d.h. dass sich der für die Wiederanlage relevante Marktzins im Zeitablauf ändert und eine geplante Rendite bis zu einem bestimmten Planungshorizont dadurch nicht erzielt werden kann. Davon zu trennen ist die durch Marktzinsänderungen hervorgerufene Kurswertänderungen, die auch als Marktwertänderungsrisiko bezeichnet wird.
Zerobonds, das sind Anleihen ohne laufende Zinszahlungen, unterliegen im Gegensatz zu Kuponanleihen keinem Zinswertänderungsrisiko im Sinne des Endwertänderungsrisiko. Sie besitzen jedoch erhöhtes Marktwertänderungsrisiko, d.h. ihre Kurswerte reagieren stärker auf Marktzinsveränderungen, da Zinserträge nicht zum jeweiligen Marktzins wieder angelegt werden können.

Mit dem Instrument der Duration lässt sich das Zinsänderungsrisiko festverzinslicher Wertpapiere beurteilen und unter bestimmten Bedingungen eliminieren. Bei der Berechnung der Durationskennzahl D werden die verfügbaren Daten über die Zeitpunkte und Höhe der anfallenden Zins- und Tilgungsleistungen einer Finanzanlage in einer einzigen Zahl zusammengefasst. Die Duration D ist der gewichtete Durchschnitt der Zins- und Tilgungszeitpunkte. Sie zeigt die durchschnittliche, dynamische Bindungsdauer einer Finanzanlage an, soweit diese bis zur Endfälligkeit gehalten wird.

$$D = \frac{\sum_{t=1}^{n} t \cdot Z_t \cdot (1+r)^{-t}}{\sum_{t=1}^{n} Z_t \cdot (1+r)^{-t}}$$
$\quad$ n = letzte Fälligkeit
$\quad$ r = Marktrendite der Finanzanlage

Die Durationskennzahl D kann zur Immunisierung gegen das Zinsänderungsrisiko festverzinslicher Finanzanlagen verwendet werden. Stimmt der Planungshorizont mit D überein, wird sowohl bei steigenden als auch bei fallenden Zinsen mindestens das Endvermögen erreicht, das der Investor bei konstantem Zinssatz realisiert. Bei fallenden Zinsen profitiert der Anleger dann von Kursgewinnen der über den Planungshorizont hinauslaufenden Anleihen, die den negativen Effekt der geringeren Wiederanlageverzinsung kompensieren. Das gleiche gilt bei steigenden Zinsen. Der Anleger hat somit eine zinsimmune Anlagestrategie gewählt.
Handelt es sich bei der Finanzanlage um ein diskontiertes Wertpapier, wie einen Zerobond, so stimmen die durchschnittliche Bindungsdauer D mit der Restlaufzeit des Wertpapiers überein, da während der Laufzeit keine Zahlungen anfallen, sondern nur eine einmalige Zahlung am Ende der Laufzeit erfolgt.

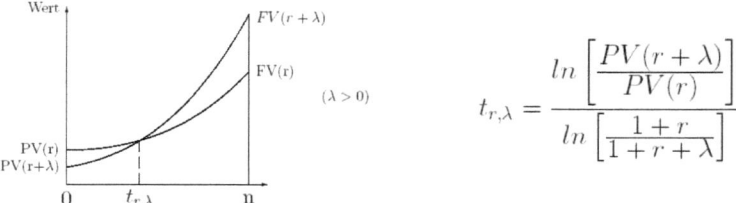

$\Rightarrow$ Es gibt einen Zeitpunkt $t_{r,\lambda} \in (0; n]$, zu dem der Wert $V_{t_{r,\lambda}}^{(r+\lambda)}$ gleich dem geplanten Wert $V_{t_{r,\lambda}}^{(r)}$ ist.

Die Duration ist ein Maß für die Sensitivität des Marktwertes einer Anleihe bezüglich Marktzinsänderungen (Zinsänderungs- oder Marktwertrisiko).
Je größer die Duration ist, desto stärker reagiert der Marktwert der Anleihe auf Zinsänderungen.

Die bisher verwendete Definition der Duration heißt Macaulay-Duration.

In der Praxis wird häufig die Modified Duration verwendet:

$$MD_r = \frac{D_r}{1 + r}$$

Die wesentlichen Anwendungsbereiche der Duration liegen in der Beurteilung einzelner Wertpapiere und Portfolios sowie in der Verwendung als Basis für Immunisierungsstrategien des Anlegers gegen das Zinsänderungsrisiko. Nach dem oben geführten Muster lassen sich Portfolios auch aus mehreren Anleihen zusammenstellen, deren Gesamtduration stets mit dem individuellen Planungshorizont übereinstimmen muss.

6.3 Aktien

Zwei wesentliche Ziele von Aktieninvestments:
- Aufbau von Beteiligungen, d.h. strategisches Motiv (ca. 80% des Grundkapitals deutscher AG's werden in festen Beteiligungen gehalten)
- Kapitalanlage, d.h. Spekulationsmotiv

Einflussfaktoren für Aktienkurse:
- Gesamtwirtschaftsentwicklung
- Branchenentwicklung
- politisches Umfeld
- wirtschaftliche Lage des Unternehmens
- Börsenpsychologie

6.3.1 Fundamentalanalyse

Analyse der Unternehmensdaten und daraus Bewertung des aktuellen Börsenkurses.

6.3.1.1 Verwendung des Barwertkonzepts

Wert Aktie = Barwert aller (erwarteten) zukünftigen Dividenden:

$$PV = \sum_{t=1}^{\infty} \frac{D_t}{(1 + i)^t}$$

Einfaches Dividendenbarwertmodell:

$$PV = \frac{D}{i}$$

Dividendenwachstumsmodell:

$$PV = \frac{D_1}{i - g}$$

In der Praxis: mehrstufige Dividendenwachstumsmodelle mit unterschiedlichen Wachstumsraten

6.3.1.2 Einfache „Praxiskennzahlen"

- Dividendenrendite aus aktuellen Werten; ungeeignet, da der Erfolg aus Kursveränderungen ignoriert wird und von der Gewinnverwendungsentscheidung abhängig.

- Kurs-Gewinn-Verhältnis KGV:

$$KGV = \frac{K_0}{G_0} = \frac{\text{aktueller Kurs}}{\text{Aktueller Gewinn}}$$

- Kurs-Cash-Flow-Verhältnis:
  KCF Ersetzung der problematischen Größe „Gewinn" beim KGV durch den Cash Flow als verbesserte Maßzahl für Ertragskraft

$$KCF = \frac{K_0}{CF_0}$$

6.3.2 Technische Analyse

Im Mittelpunkt aller theoretischen und praktischen Überlegungen im Rahmen der technischen Aktienanalyse steht der Aktienkurs selbst. Auf dem Wertpapiermarkt bildet sich aus dem Zusammenspiel von Angebot und Nachfrage der Preis eines Papiers, der Kurs.
Die Charts, die graphische Darstellung des Kursverlaufs einer Aktie, des Index einer Branche oder des Gesamtmarkts sind das wichtigste Instrument der technischen Analyse.

Die einzelnen Methoden der graphischen Trendbestimmung bauen auf der Grundhypothese auf, wonach Trends eher die Tendenz haben, eine einmal eingeschlagene Richtung beizubehalten.

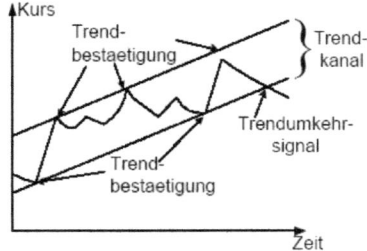

44

Durch Verbindung zweier Extrempunkte der Kurskurve entsteht eine Gerade, die so genannte Trendlinie. Beide Linien, die aus Verbindung von Minima und Maxima entstehen nennt man einen Trendkanal. Wird eine Trendlinie durch den tatsächlichen Kursverlauf markant durchbrochen, so wertet dies der Chartgraphiker als ein erstes Zeichen einer denkbaren Wende, allerdings nur, wenn dieser Durchbruch durch entscheidende Umsätze hervorgerufen wurde.

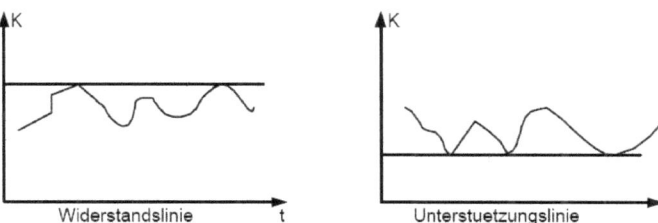

Bei einzelnen Aktien lassen sich oft Kurse feststellen, die über einen längeren Zeitraum hinweg nicht unter- oder überschritten werden.

Nach wiederholtem Widerstand der Kurse an solchen Maxima-Grenzlinien limitieren viele Marktteilnehmer dort ihre Aufträge.

Durch den vermehrten Abstoß von Papieren an der Widerstandslinie dreht nun die Kursrichtung tatsächlich um. An der unteren Unterstützungslinie dagegen versuchen viele Anleger, die an ein weiteres Absinken nicht glauben, günstig zu kaufen; die Aktienbesitzer anderseits sind dort oft nicht mehr bereit, Verluste hinzunehmen, und verharren auf ihren Titeln; dadurch zusammengefasst steigt die Nachfrage und somit auch der Kurs.

6.4 Wertpapierportfolios

(Wertpapier-) Portfolio = Kombination verschiedener Wertpapiere

Erzeugung der Portfolios in einer hierarchischen Vorgehensweise (Versuch der Umsetzung von Erkenntnissen aus der Kapitalmarkttheorie):

Streuung bezüglich
- Länder
- Währungen
- Wertpapierklassen (Aktien, Anleihen, ...)
- Branchen-/Schuldner-/Laufzeitklassen
- einzelne Titel

einige Probleme:
- Prognoseprobleme
- Depotgröße (ab wann Diversifikation sinnvoll?)
- Transaktionskosten, Steuern
- Timing

Portfolio-Insurance:

- Ziel:
  1. Upside Participation
  2. Downside Protection

- Strategiearten:
  o statisch: Keine bzw. maximal eine Portfolioveränderung während des Planungszeitraums
  o dynamisch: „permanente" Portfolioanpassung

6.5 Grundtypen von Anlagestrategien

a) Bei Anleihen

- passive Strategien: „Buy and Hold"
- aktive Strategien:
  o prognosebasierte Auswahl
  o prognosebasiertes Timing
  o Ausnutzung von Fehlbewertungen

- Semi-aktive Strategien:
  o Laufzeitstrategien
  o Immunisierungsstrategien

b) Bei Aktien

- passive Strategien: „Buy and Hold"
- aktive Strategien:
  o Aktienselektion
  o Auswahl von Branchen
  o Timing

7. Finanzinnovationen

7.1 Überblick

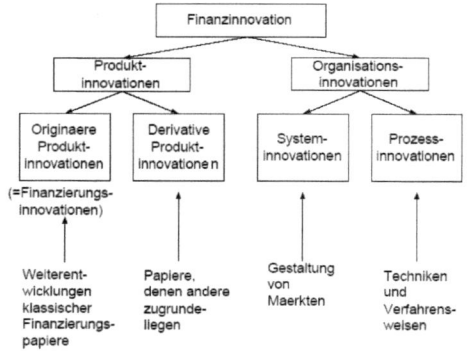

Triebkräfte:
- wirtschaftliche Veränderungen
- Marktregulierungen, Steuergesetze
- technologischer Fortschritt (z.b. Informationstechnik)
- Wissenschaft

Finanzinnovationen = Ergebnis und Instrument des Bemühens, die Bedingungen der Teilnehmer an den Finanzmärkten zu verbessern.

Probleme:
- auch Erhöhung von Risiken
- Missbrauch zur spekulativen Marktbeeinflussung
- Erschwerung der Aufsicht
- Behinderung nationaler Geldpolitiken

7.2 Systeminnovationen

Computergestützte Börsen, Bsp. XETRA
- erweiterte Handelszeiten
- Markttransparenz: anonymer Handel, aber für alle Marktteilnehmer gleicher Einblick ins Orderbuch
- Preiskontinuität durch Volatilitätsunterbrechungen
- Wertpapierbetreuer, die auf Aufforderung tagesgültige, limitierte Kauf-/Verkaufsorders stellen müssen
- Marktliquidität
- keine Beschränkungen für Stückzahlen

7.3 Prozessinnovationen

a) Im Kontakt zum Endkunden

- rein technisch: Geldautomaten, Börseninfos online, Analyseninstrumente für Privatanleger
- technisch/organisatorisch: Telefonbanking, Discount Broking, aufladbare Chipkarten

b) Zwischen Finanzdienstleistern

- elektronische Handelssysteme z.B. Optionsscheinhandelssystem (OHS) der Deutschen Börse
- SWIFT: DFÜ-Netz zur Standardisierung des internationalen Zahlungsverkehrs

c) Neue Techniken bei der Anlage

- Programmhandel: Ausnutzung auch geringer Arbitragemöglichkeiten durch automatisierte schnelle, großvolumige Transaktionen
- neue wissenschaftliche Erkenntnisse

7.4 Derivate

Im Bereich Bank- und Börsenwesen sind Derivate Produkte, deren Marktwert sich von den klassischen Basisinstrumenten (wie zum Beispiel Aktien, Anleihen oder Gold) ableitet. Zu den Derivaten zählen handelbare Finanzprodukte wie Futures, Optionen, Zertifikate, sowie nicht standardisierte Finanzprodukte wie Forwards) oder Swaps.

Ein Termingeschäft ist ein Vertrag, der erst nach dem Abschluss erfüllt wird. Überlicherweise spricht man ab einem Zeitraum von mehr als zwei Tagen von einem Termingeschäft. An der Börse kommen diese als Future oder Option vor.

Das "unbedingte" Termingeschäft muss sowohl seitens des Käufers als auch des Verkäufers auf jeden Fall - also ""unbedingt"" - durchgeführt werden. Durch die gleiche Verteilung von Rechten und Pflichten fließt bei Vertragsabschluss keine Prämie. Erst bei der Erfüllung des Geschäftes kommt es zu einem Barausgleich oder zu einer effektiven Lieferung. In der Regel wird hier zwischen den folgenden Arten unterschieden:

- Future
- Forward
- Swap

7.4.1 Swaps

Swap-Geschäfte sind vertraglich vereinbarte Tauschgeschäfte und von ihrem Charakter her Arbitragegeschäfte. Sie zielen ab auf das Ausnutzen von komparativen Kostenvorteilen an den internationalen Finanzmärkten, die aufgrund unterschiedlicher Bonitätseinschätzungen und unterschiedlicher Marktzugangsmöglichkeiten der beteiligten Vertragsparteien auf den jeweiligen Märkten entstehen. So hat vielleicht eine deutsche Großbank auf dem deutschen Kapitalmarkt aufgrund ihres Bekanntheitsgrades Konditionsvorteile im Vergleich zu japanischen Großbanken, die diese Vorteile wiederum in ihrem Land besitzen.

Durch Swaps werden Kapitalmarktteilnehmer erstklassiger Bonität in die Lage versetzt, als Swap-Partner ihren Bonitätsvorsprung gewinnbringend zu vermarkten, während bonitätsmäßig schlechter eingestufte Swap-Partner in den Genuss erstklassiger Konditionen kommen. Kreditinstitute fungieren bei Swapgeschäften überwiegend als Intermediäre. Sie können aber auch selbst als Partner in ein solches Geschäft eintreten.

a) Währungsswap

Beim Währungsswap erfolgt ein Austausch von Kapitalsumme und Zinsverpflichtung zwischen Unternehmen, die entgegengesetzte Währungswünsche haben. Das Geschäft kann in die Ausgangstransaktion, die Zinstransaktion und die Schlusstransaktion zerlegt werden.

- Ausgangstransaktionen: Austausch der Kreditbeträge
- Zinstransaktionen: Begleichung der Zinsverpflichtungen des jeweils eingetauschten Kredits
- Schlusstransaktionen: Rücktausch (zu vereinbarten Devisenkursen)

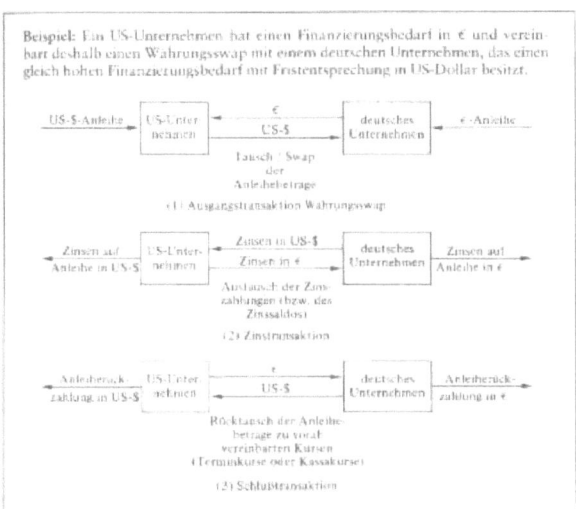

Beispiel: Ein US-Unternehmen hat einen Finanzierungsbedarf in € und vereinbart deshalb einen Währungsswap mit einem deutschen Unternehmen, das einen
gleich hohen Finanzierungsbedarf mit Fristentsprechung in US-Dollar besitzt.

b) Zinsswap

Der Zinsswap dient häufig dazu, eine zinsvariable Verbindlichkeit in eine zinsfixe
Verbindlichkeit und vice versa umzuwandeln. Dabei erfolgt kein Austausch der
Kapitalbeträge. Beim Swap von zinsvariablen Verbindlichkeiten in wiederum zinsvariable
geht es meist um den Tausch der variablen Grundbasis.

Ein Zinsswap ist umso vorteilhafter, je größer die Bonitätsunterschiede zwischen den Swap-
Partnern sind und damit auch die Unterschiede in den Zinskonditionen, die diese am Markt
erlangen können.

Ein Unternehmen und eine Bank besitzen nachfolgende Ausgangsposition bei der Kreditmittelbeschaffung:

	Bank	Industrie-unternehmen	Zinsdifferenz
Zinsvariable Mittelbeschaffung	LIBOR + $1/4$%	LIBOR + $3/4$%	$1/2$%
Zinsfixe Mittelbeschaffung	8%	$9^1/4$%	$1^1/4$%

Das Industrieunternehmen hat bei der zinsvariablen Mittelaufnahme einen relativ kleineren Nachteil gegenüber dem Kreditinstitut als bei der zinsfixen Mittelbeschaffung, hätte aber gerne das Zinsänderungsrisiko ausgeschaltet und bevorzugt deshalb eine Kreditmittelaufnahme zum Festzinssatz. Im Rahmen eines Swap-Geschäftes übernimmt die Bank die zinsvariable Mittelbeschaffung des Industrieunternehmens über Floating Rate Notes zu LIBOR plus $1/4$%. Im Gegenzug bekommt das Industrieunternehmen von der Bank eine Festzinsvereinbarung zu 8$1/4$%.

	Bank	Industrieunternehmen
Kreditkosten	(−) 8%	(−) LIBOR + $3/4$%
Swap Inflow	(+) 8$3/4$%	(+) LIBOR + $3/4$%
Swap Outflow	(−) LIBOR + $1/4$%	(−) 8$3/4$%
Nettokosten	LIBOR	8$1/4$%
Alternative (Kreditaufnahme)	LIBOR + $1/4$%	9$1/4$%
Zinsvorteil	$1/4$%	$1/4$%

Durch den Zinsswap realisieren somit beide Partner Zinsvorteile. Die Bank hat eine günstigere Refinanzierungsbasis (minus $1/4$%) für ihre Roll-Over-Kredite am Euromarkt gewonnen. Das Industrieunternehmen hat durch die Ausgabe von Floating Rate Notes mit anschließendem Swap, anstelle der Begebung einer Festzinssatzanleihe (9$1/4$%), $1/8$% gewonnen und zusätzlich das Ziel einer zinsfixen Mittelbeschaffung erreicht.

c) Asset Swap

= Tauschgeschäfte bezüglich der Vermögensbestandteile

Swap-Märkte:
- Primärmarkt: direkter Abschluss
- Sekundärmarkt: Handel bereits abgeschlossener Abmachungen (nicht sehr liquide)

7.4.2 Futures

Ein Future ist eine Art von börsengehandelten Termingeschäften. Es bezeichnet einen verbindlichen Börsenvertrag (Kontrakt) zwischen zwei Parteien (im Gegensatz zu halbseitig verpflichtenden Verträgen bei Option (Wirtschaft)|Optionen).

Futures weisen folgende Merkmale auf:

- Lieferung (für den Verkäufer) bzw. Abnahme (für den Käufer)
- eines genau bestimmten Vertragsgegenstandes (Basiswert)
- in einer bestimmten Menge und Qualität
- zu einem fixierten Zeitpunkt in der Zukunft und
- zu einem konkreten, bereits bei Vertragsabschluss festgelegten Preis

Im Gegensatz zu Forward (Wirtschaft)|Forwards sind alle Merkmale durch eine Börse standardisiert.

Forwards sind Termingeschäfte und gehören zur Gruppe der Derivat (Wirtschaft)|Derivate. Zu der besonderen Eigenschaft der Forwards zählt, dass diese zur Gruppe der unbedingten Termingeschäfte gehören (anders als Option (Wirtschaft)|Optionen, bei denen einer Partei ein Wahlrecht zur Ausübung obliegt und das Geschäft nicht unbedingt aufgeführt werden muss). Des Weiteren unterscheiden sie sich von börsengehandelten Future dadurch, dass sie nicht standardisiert sind und die Parteien die Konditionen selbst aushandeln.

Financial Futures werden in Deutschland an der EUREX gehandelt. Zu unterscheiden sind Currency Futures, Interest Rate Futures und Index Futures. Currency Futures liegt ein standardisierter Betrag einer bestimmten Währung zurunde. Sie können zur Absicherung von Währungen genutzt werden. Der Gegenstand von Interest Futures ist zumeist ein Zinstitel, der bezüglich Laufzeit, Verzinsung und Nominalbetrag standardisiert ist. Kontraktgegenstand der Index-Futures ist in der Regel ein Aktienindex, als ein abstrakter, nicht lieferbarer Basiswert. Der an der EUREX seit 1990 gehandelte DAX-Future beinhaltet die vertragliche Verpflichtung einen standardisierten Wert des zugrunde liegenden Aktienindizes DAX am Erfüllungstermin zu kaufen bzw. zu verkaufen. Aktienindex-Futures eignen sich zur Absicherung eines Aktienportfolios gegen das systematische Risiko.

Die Abrechnung und Abwicklung der an der Börse abgeschlossenen Kontrakte wird über eine Clearingstelle vorgenommen. Durch den direkten Eintritt der Clearingstelle als Vertragspartner eines jeden Börsenabschlusses sollen die individuellen Bonitätsrisiken ausgeschaltet und damit dem Markt genügend Sicherheit, Standardisierung und Liquidität gegeben werden.

Käufer und Verkäufer von Futures sind verpflichtet, bei Abschluss des jeweiligen Kontraktes Sicherheiten in Form von Wertpapieren oder Geld zu leisten. Bei Vertragsabschluss ist ein Ersteinschuss (Initial Margin) fällig, der von der Volatilität der zugrunde liegenden Ware bzw. des Wertpapiers und der Bonität des Marktteilnehmers abhängt. Die zu erbringenden Sicherheitsleistungen werden täglich aufgrund der Ermittlung von Gewinnen und Verlusten aus den Kontraktpreisänderungen angepasst. Wird der festgelegte Mindesteinschuss (Maintenance Margin) unterschritten, so muss auf das Sicherheitsrisiko ein Nachschuss über den Initial Margin hinaus bis zum nächsten Tag eingezahlt werden. Diese Nachschusspflicht kann zu erheblichen Liquiditätsproblemen bei den Marktteilnehmern führen. Kann ein Nachschuss nicht eingezahlt werden, so wird der Kontrakt zwangsweise glattgestellt, um die Verluste zu begrenzen.

In der Praxis wird häufig der auf Arbitragebeziehungen basierende Cost-of-Carry-Ansatz zur Erklärung der Preisbildung von Financial Futures herangezogen. Dabei ist der Begriff Basis von zentraler Bedeutung. Damit ist die Differenz zwischen dem Preis des jeweiligen Terminkontraktes und dem Preis des dem Terminkontraktes zugrunde liegenden Instruments gemeint. Der Gesamtbetrag lässt sich in Carry-Basis und Value-Basis unterteilen.

Die Carry-Basis stellt die Nettofinanzierungskosten dar, die durch das Halten einer der Futureposition entsprechenden Kassaposition verursacht.

Die Value-Basis berücksichtigt, dass bei der Preisbildung des Futures Faktoren wie Erwartungen, Tagesereignisse sowie die Marktliquidität eine Rolle spielen.

Die an den Märkten entstehenden Preisverzerrungen von dem fairen Preis (Fair Value) eines Futures, bedeuten für ein Portfolio ein Zusatzrisiko, das so genannte Basisrisiko.

Fair Value eines Futures: $P_F = P_K \cdot \left(1 + CC \cdot \dfrac{T}{360}\right)$

P_F = Futurepreis, P_K = Preis des Kassainstruments, CC = Cost-of-Carry Satz, T = Restlaufzeit

Die Cost-of-Carry lassen sich aus der Differenz zwischen den Finanzierungskosten und dem Etrag des Kassainstruments ermitteln. Diese unterscheiden sich bei Zinstiteln als Underlying je nach der Zinsstruktur am Markt und können deshalb sowohl negativ als auch positiv sein.

Motive für den Abschluss von Futures:

a) Der geringe Kapitaleinsatz bei Abschluss eines Futures ermöglicht dem risikofreudigen Anleger wegen des dadurch hohen Leverageeffekt gute Spekulationsmöglichkeiten.

b) Ein weiteres Motiv besteht in der Realisierung von Arbitragegewinnen zwischen Kassa- und Terminmarkt. Arbitrage zielt darauf ab, Preisunterschiede an verschiedenen Börsen auszunutzen, indem Kontrakte an der billigeren Börse gekauft und an der teureren verkauft werden.

c) Die große Attraktivität von Futures leitet sich jedoch aus der Möglichkeit des Einsatzes dieser Instrumente für verschiedene Hedging-Strategien ab. Dabei dienen Futures als moderne Instrumente des Risikomanagements zur Absicherung gegen Währungs-, Aktienkurs- und Zinsänderungsrisiken (Long Hedge = Kauf Future; Short Hedge = Verkauf Future).

7.4.3 Option

Call-Option:
Der Verkäufer der Call-Option ist zur Lieferung des Underlyings verpflichtet, für diese Verpflichtung erhält er die Optionsprämie vom Käufer der Option.
In der Praxis allerdings wird das Underlying, sollte der Preis über den Ausübungspreis gestiegen sein, nicht tatsächlich geliefert. Der Verkäufer der Call-Option bezahlt dem Käufer einfach die Differenz zwischen dem Preis, den das Underlying zum ausgemachten Zeitpunkt hat, und dem Ausübungspreis.

Ein Versicherungsgeschäft als Beispiel:

Ein Getreidehändler plant den Kauf einer bestimmten Menge an Getreide zur zukünftigen Erntezeit. Er will sich dagegen versichern, dass bis dahin der Getreidepreis steigt. Also kauft er eine Call-Option auf diese Getreidemenge. Sollte bis zur Erntezeit der Preis des Underlyings tatsächlich über den Ausübungspreis steigen, dann muss der Verkäufer der Option ihm diesen Preisanstieg für die festgelegte Menge ersetzen. Der Getreidehändler hat sich durch die Zahlung einer Optionsprämie, die versicherungsmathematisch zu berechnen wäre, gegen einen Getreidepreisanstieg versichert.

Put-Option:
Der Käufer einer Put-Option (Verkaufsoption) hat das Recht, aber nicht die Pflicht, innerhalb eines bestimmen Zeitraums (amerikanische Optionen) oder an einem bestimmten Zeitpunkt (europäische Optionen) ein bestimmtes Underlying zu einem im Voraus festgelegten Preis (Ausübungspreis|Strike-Preis) und in einer im Voraus festgelegten Menge zu verkaufen. Er

wird sein Recht nur dann ausüben, wenn der Preis des Underlyings unter dem Strike-Preis liegt.

Der Verkäufer der Put-Option ist zur Abnahme des Underlyings verpflichtet, für diese Verpflichtung erhält er die Optionsprämie vom Käufer der Option.

Kann der Käufer dar Option sein Recht jederzeit ausüben, so spricht man von Amerikanischen Optionen. Bei den Europäischen Optionen darf der Käufer dagegen sein Recht nur am Ende der festgelegten Optionsfrist ausüben.

Der Käufer einer Verkaufsoption erwirbt mit Zahlung des Optionspreises das Recht, innerhalb der Optionsfrist vom Verkäufer (Stillhalter in Geld) die Abnahme der den Geschäft zugrunde liegenden Wertpapiere zum vereinbarten Basiskurs zu verlangen.

Beim Optionsgeschäft können somit vier Positionen eingenommen werden:

Kontrakt position Art der Option	Käufer zahlt Optionspreis; aktives Entscheidungsrecht	Verkäufer erhält Optionsprämie; passive Verpflichtung
Kaufoption Call	Käufer einer Kaufoption Recht auf Bezug von Wertpapieren	Stillhalter in Wertpapieren Pflicht, Wertpapiere zu liefern
Verkaufsoption Put	Käufer einer Verkaufsoption Recht auf Abgabe von Wertpapieren	Stillhalter in Geld Pflicht, Wertpapiere zu kaufen

Aus den genannten Positionen resultieren unterschiedliche Gewinn- und Verlustmöglichkeiten:

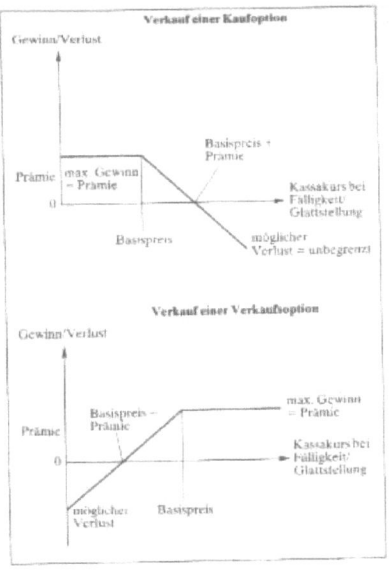
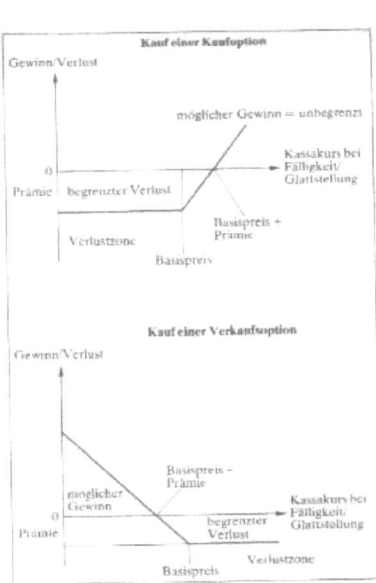

53

Der Preis einer Option zerfällt in zwei Komponenten:

$$P_t^C = IW_t^C + Z_t^C \text{ bzw. } P_t^P = IW_t^P + Z_t^P$$

P = Preis der Option
IW = Innerer Wert (Differenz zwischen jetzigem Kurs und Basispreis)
Z = Zeitwert (Differenz zwischen Marktpreis und dem inneren Wert der Option)

Verwendungsbeispiele:

- Hedging (vgl. Future):
    * Long Call: Sicherung Kaufpreis für spätere Erwerbung
    * Long Put: Absicherung bestehender Positionen
- Trading (Spekulation): durch Einzel- oder kombinierte Position
  Beispiel: Long Butterfly
  (Erwartung: Kurs in der Nähe von B (z.B. aktueller Kurs)

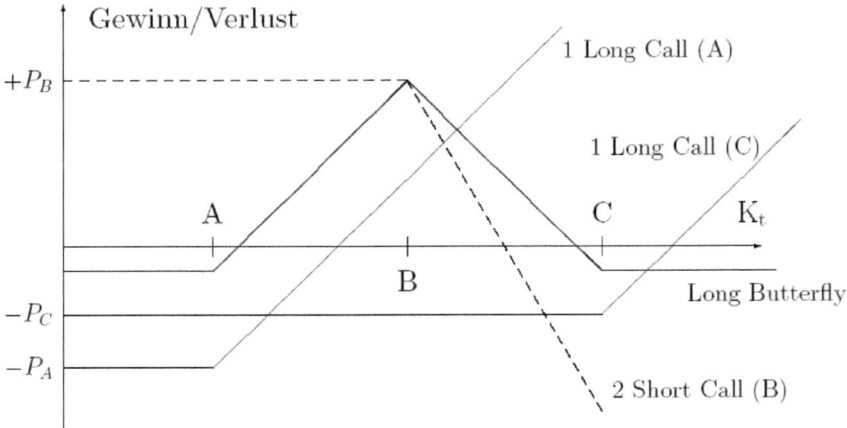

Kauf bei Unterschreitung eines Schwellenwert S, mit spekulativem Element:

Covered-Short-Put-Strategie = Verkauf Put mit Basispreis B = S
(„covered": Kaufpreis muß hinterlegt werden)

Bezeichnungen:
T = Verfalltermin Put
K_t = Kurs des Underlyings in t, $0 \le t \le T$
P Optionsprämie

∗ Folgende Szenarien sind denkbar:

Fall 1: $K_T < S$ (Papiere in T im Besitz)

Fall 2: $K_t > S$ für alle $0 \le t \le T$ (Papiere in T nicht im Besitz

Fall 3: $K_T > S$, aber es gibt $t \in (0, T)$ mit $K_t < S$

Fall 3a: europäische Option oder amerikanische ohne zwischenzeitliche Ausübung (Papiere in T nicht im Besitz; anders als bei CSP-Strategie)

Fall 3b: amerikanische Option, Inhaber übte in $t^* \in (0; T)$ mit $K_{t^*} < S$ aus. (Papiere in T im Besitz; wie bei CSP-Strategie)

Fall	Wert CSP	Wert Limitkauf	Bessere Strategie
1	$(K_T - S) + P$	$K_T - S (< 0)$	CSP
2	P	0	CSP
3a	P ²	$K_T - S (> 0)$	Limitkauf, falls $K_T - S > P$
			CSP, falls $K_T - S < P$
3b	$(K_T - S) + P$	$K_T - S (> 0)$	CSP

Im Hinblick auf Größe und Vorzeichen der Differenz zwischen Aktienkurs und Basispreis kann die Option:

	Call Kaufoption	Put Verkaufsoption
Basispreis über dem Aktienkurs	out-of-the-money	in-the-money
Basispreis beim Aktienkurs	at-the-money	at-the-money
Basispreis unter dem Aktienkurs	in-the-money	out-of-the-money

Optionsscheine (engl. Warrants) verbriefen genauso wie Option (Wirtschaft)|Optionen das Recht, innerhalb (bzw. am Ende) eines bestimmten Zeitraumes ein bestimmtes Underlying (den Basiswert) zu einem vorher bekannten Preis zu kaufen (Call-Option|Call) oder zu verkaufen (Put-Option|Put).

Im Gegensatz zu einer Option ist ein Optionsschein "kein" standardisiertes Instrument, d.h. die Papiere der verschiedenen Anbietern (üblicherweise Banken) weisen unterschiedliche Merkmale (Laufzeit, Basis etc.) auf.

Zur Beurteilung von Optionspositionen im Hinblick auf Risiko und Rendite finden in der Praxis eine Reihe von Kennzahlen Verwendung:

- Options-Delta:
  Es drückt die Veränderung des Optionspreises in Abhängigkeit von der Veränderung des zugrunde liegenden Aktienkurses aus.
- Options-Gamma:
  Es drückt die Sensitivität des Options-Deltas gegenüber Aktienkursveränderungen aus.
- Options-Omega:
  Es gibt die prozentuale Abhängigkeit des Optionspreises von prozentualer Veränderung des zugrunde liegenden Aktienkurses an.
- Options-Theta:
  Es gibt die Abhängigkeit des Optionspreises von der sich verkürzenden Restlaufzeit, unabhängig von Aktienkursveränderungen, wieder.
- Options-Vega: Es gibt die Abhängigkeit des Optionspreises von der Aktienkursvolatilität an.

Der Hebel ist eine Kennzahl bei Optionen und Optionsscheinen und gibt das Verhältnis des Investmentbetrags, der zum Kauf des entsprechenden Underlyings aufgewendet werden müßte (Kurs des Basiswertes), zu dem für den Kauf des Optionsscheins (Kurs des Optionsscheins) notwendigen Kapital an.

exotische Optionen (Optionsscheine):
- Capped Warrants: Begrenzung des Gewinns
- Look-Back-Warrants: günstigster Kurs während Laufzeit als Basispreis
- Range-Warrants: Gewinn nur, wenn Kurs innerhalb gewisser Bandbreite

7.5 Zertifikate

a) Zertifikat

= handelbares Wertpapier, das eine Beteiligung an der Wertentwicklung bestimmter Anlagen verbrieft

- Dabei können sowohl die zugrunde liegenden Anlagen (Aktien, Indices,...) als auch die Art der Beteiligung (z.B. nach oben und/oder unten begrenzt, von zusätzlichen Bedingungen wie dem zwischenzeitlichen Erreichen einer Schwelle abhängig,...) sehr unterschiedlich sein.
- Vorteil: können schnell nach Anlegernachfrage aufgelegt werden, sehr variabel
- Die meisten Zertifikate haben zumindest teilweise Optionscharakter.
- Zertifikate sind Schuldverschreibungen; Emittentenrisiko (Ausfallrisiko)

Einige Beispiele:
- (Aktien-) Basketzertifikate: Wertentwicklung eines Aktienkorbes
- Aktienanleihen: Rückzahlung des Nennbetrages oder Lieferung von Aktien
- Knock-Out-Zertifikat: verfällt beim Verlassen eines bestimmten Kursbereiches

b) Indexzertifikate: Alternative zu Indexfonds

Kursentwicklung = Indexentwicklung (allerdings häufig mit Cap)

- Handel über Börse, Kursstellung jedoch über emittierende Bank (Spread zwischen An- und Verkaufskurs)
- Kosten: An- und Verkaufsspesen (außer Spread), laufende Gebühren (Management, Depotführung)
- Nachteile gegenüber Indexfonds: begrenzte Laufzeit (Wiederanlagerisiko), Emittentenrisiko
- Vorteil gegenüber Indexfonds: i.a. billiger (Preise aber intransparent; was ist mit Dividenden?)
- wie ETF's, Vorteil gegenüber klassischen Indexfonds: börsengehandelt